Weekendsex

von Mario Dieringer

Grafiken und Layout: Michael Günther

Impressum

Originalausgabe
Copyright 2008 Mario Dieringer

Erste Auflage Oktober 2008

Lektorat: Kiko – Büro für Kommunikation, Frankfurt
Covergestaltung: Michael Dieringer
Illustrationen und Layout: Michael Dieringer
Herstellung und Verlag: Books on Demand GmbH, Norderstedt.

ISBN-13: 978 3 8370 6760 6

Inhalt

U-Bahn

oder: Wie öffentlich dürfen öffentliche Verkehrsmittel sein?

18 Uhr abends und draußen hat es immer noch 28 Grad. Ich bin froh endlich aus dem Büro zu kommen. Schluss mit endlosen Telefonaten, quengelnden Arbeitskollegen und einem notorisch unterhaltungssüchtigen Chef. Also packe ich die Krawatte ein und mache mich auf den Weg zur U-Bahn. Dort angekommen steht schon eine größere Gruppe Menschen am Bahnsteig. Eine alte Dame leidet sichtlich unter der Hitze, ein junger Türke telefoniert und eine Gruppe Manager schwitzt lieber unter dem Sakko und der Krawatte als sich Luft zu machen. Eine Zigarettenlänge später ist es dann soweit. Die U-Bahn kommt, hält mit quietschenden Rädern und mit dem typischen Unterdruckgeräusch „schffft" öffnen sich langsam die Türen.

Die Bahn ist halb voll und nur wenige Menschen verlassen das streng riechende Gefährt. Ich setze mich also, schaue mich um, greife in die Tasche und hole meinen Schmöker hervor und versinke auch prompt in die kleine spannende Welt von Harry Potter. Da sitze ich nun, fahre eine Haltestation nach der anderen ab und kämpfe mich mit Harry durch die Welt des bösen Zaubers. Und zwar so lange, bis ich in meinen Augenwinkeln sehe, wie mich ein Tiger anfällt. Erschrocken zucke ich zusammen und stelle fest, dass es gar kein Tiger ist, sondern das hautenge, tigergemusterte Shirt einer äußerst wenig anmutigen Grazie, die sich mit XXL Brust an mir vorbeischiebt und links von mir im Vierersitz Platz nimmt. Schwarze billige Riemchen wackeln um das dürre Knöchelchen und stellenweise scheint sich die Sohle vom ausgetreten Schühchen zu lösen.

Mein Blick wandert die enge schwarze Leggins entlang, die nur bis kurz unters Knie reicht und schwebt über die ins Auge springenden Brüste. Das halbrunde, tiefe Dekolleté verdeckt nur das Nötigste. Dann schau ich ihr ins Gesicht. Unter der schmalen

Nase finden sich dicke Lippen, zwischen denen markante und äußerst schiefe Zähne hindurchdrängen. Ich habe selten so einen Überbiss gesehen. Eingerahmt wird das Ganze von einer blonden, lockigen Löwenmähne. Kaum sitzt die Dame, gesellt sich auch schon ein Typ dazu, der in Ausstrahlung und Look der Tigerin um nichts nachsteht. Lange fettige Haare kleben am aufgerissenen Kragen einer Lederjacke, die schon lange ihre besten Zeiten gesehen hat. Das Gesicht voller Muttermale und roten Äderchen, die sich über die hervorstehenden Wangen-knochen schieben. Schwer atmend hebt sich die Hühnerbrust unterm verblichenen T-Shirt, das in einer schmutzigen und knallengen Jeans steckt. Abgerundet, wie soll es anders sein, wird das Bild durch spitze, schwarze, ausgelatschte Cowboys-tiefel, deren Ziernähte nur noch stellenweise vorhanden waren.

„Oh Gott" denk ich mir und vertiefe mich wieder in Harrys schöne Welt. „Ich fick Dich heut Abend, bis Dir das Blut aus dem Arsch spritzt!", schreit es plötzlich neben mir. Schockiert schau ich mich um. Bevor ich sehen kann, woher das kam, sehe ich die Oma von der U-Bahnhaltestelle, deren Hand-knöchel schneeweiß werden, so sehr drückt sie ihren Geh-stock. Mit aufgerissenen Augen und offenem Mund starrt sie mich an. „Mach doch! Mach doch, Du Arschloch!", kreischt es in einer Tonhöhe zurück, die mein Trommelfell fast platzen lässt. Die Tigerfrau verschränkt trotzig ihre sommersprossi-gen Arme vor der aufgeblähten Brust. „Mach doch!", kreischt sie wieder, wobei ihr der Speichel aus dem Mund spritzt und an der zerschlissenen Lederjacke ihres Gegenüber hängen-bleibt. Er sieht aus, als ob er ihr gleich eine knallen würde. Die Gespräche in der U-Bahn sind zwischenzeitlich verstummt. Wo man hinschaut, blickt man in offene Münder und sieht konsternierte Gesichter. Alle starren sie die beiden an und

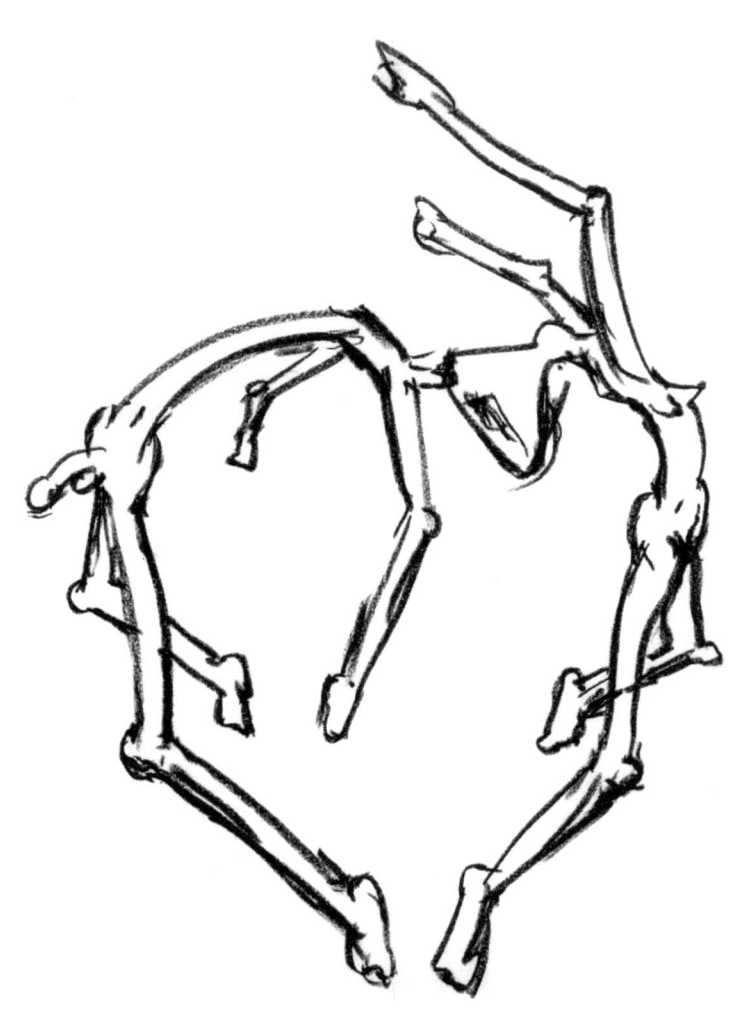

gleichzeitig versuchen alle auch nicht ganz so offensichtlich zu sein. „Ich sag's Dir, so wie ich Dich ficken werde, hat's Dir noch keiner gegeben. Ich sag's Dir, bis Dir das Blut aus dem Arsch spritzt werde ich ihn Dir reinknüppeln. Du wirst schon sehen." Mit böse funkelnden Augen schnaubt der Typ, schon fast halb vom Sitz erhoben. Er war noch nicht ganz fertig, da verdrehte die Tigerin auch schon die Augen und mit schnippischem Ton kreischt sie wieder los: „Mach doch, Du Arschloch!"

Ich weiß nicht, was ich denken oder sagen soll. Ich schaue mich um und sehe nur, wie verstörte Menschen gestörte Menschen beobachten. Wenn Oma vor mir nicht schon am Stock gehen würde, spätestens jetzt wäre es soweit. Ich fürchte um ihre Fassung – als auch um meine. Die Bahn hält wieder und die wenigen Menschen, die aussteigen, verlassen sie zögerlich, kopfschüttelnd und vermutlich schwer traumatisiert. Neues Publikum strömt herein und noch ehe die Türen sich wieder schließen, schreit es: „ Ich fick dich, fick Dich, fick Dich und ich fick Dich, bis das Blut spritzt, das garantiere ich Dir!" Fast zeitgleich kreischt Tigerlillie: „Mach doch, mach doch!" Es dauert nur wenige Sekunden, bis auch die neu hinzugekommenen Fahrgäste verstummen.

Niemand mehr, der in seiner Zeitschrift liest. Die neu hinzugekommene Vorstandssekretärin wechselt die Gesichtsfarbe chamäleongleich im Sekundentakt. Ich zwinge mir wieder Harry Potter auf, doch es gelingt mir nicht, auch nur einen Satz konzentriert zu lesen. Da sind wir auch schon an der nächsten Haltestelle. Noch eine Station und ich muss raus, denke ich bei mir. Gott lob! Die Tür geht auf und urplötzlich springt das Tigerweib auf und rast an mir vorbei. Wäre ich nicht instinktiv zurückgezuckt, ihre riesigen Silikonbusen wären mir ins Gesicht

geklatscht. Mit wehender Mähne stürzt sie zur Tür, dicht ge-
folgt vom langhaarigen Typen, der schreit: „Bleib stehen, du Vo-
tze!" „Leck mich am Arsch!", brüllt sie und der Spuk ist vorüber.

Die Türen der Bahn schließen sich, die Luft des Schließmecha-
nismus entweicht zeitgleich mit dem angehaltenen Atem der
Passagiere wieder mit einem lauten „schffft". Sekunden später
befinde ich mich wieder in Harrys Zauberschule, während die
Oma am Stock nur noch nervös mit dem Kopf schüttelt und ein
leises „Ach du meine Güte" flüstert.

Frühling

Langsam fallen die Blätter von den Bäumen
und die Natur macht sich daran
in den Winterschlaf zu versinken.

Auch in mir fällt das Laub der Vergangenheit zu Boden,
wechselt die Farbe und wird zur
Nahrung für ein neues Wachstum.

Ich spüre die zarten Keime sich durch meine Gefühle bohren,
doch manchmal bleiben sie
an einer dicken Schicht Rinde hängen.

Aber es kann nicht mehr lange dauern,
bis die Kraft des Wachstums sich durchsetzt und
meine Seele mit frischen grünen und kräftigen Blättern
der Natur trotzt.

Ich hoffe, dass Du dann noch da bist.

Ich möchte Dir nämlich mein Lachen schenken und
Dich mit einem sorgenfreien Strahlen wecken.

Wenn ich meine Arme um dich lege
sollst du meine Kraft spüren
und dir die Energie nehmen, die Du brauchst.

Langsam soll Deine Ruhe in mein Herz fließen.

In eine jene Kammern,
die nur für ganz besondere Menschen reserviert ist.

Einmal die Tür dazu geöffnet, wird sie immer Dir gehören,
komme was da wolle.

Aber Du bist ja schon weiter.

Du hast bereits ein Samenkorn hineingelegt,
dessen schützende Hülle aufgeht und
dessen erster Trieb seinen Weg zum Licht sucht.

Vielleicht wird dieses Korn einmal wachsen und
gemeinsam könnten wir alte Blätter abwerfen und
neue bekommen.

Zeit des inneren Wachsens ...
Ich will wachsen ...
und zwar irgendwie mit Dir.

Ende

Der Flur

Was ist es nur, das einen Knoten, der ein Jahrzehnt gehalten hat, innerhalb weniger Tage zum Platzen bringt? Woher nimmt die Sonne die Kraft einen Gletscher, der Millionen Jahre auf dem Buckel hat, in einem Jahrhundert wegzuschmelzen? Es ist zum einen die Kraft und zum anderen die Wärme. Energie genug, um Berge zu versetzen, Gletscher zu schmelzen und Knoten zu lösen. Energie und Wärme benötigt auch das kleine Häuflein Mensch, um wieder in die Zukunft blicken zu können, um Vertrauen aufbauen zu können und Wut abzubauen. Aber am meisten Energie kostet es, zu sich selbst zu stehen und dem anderen zu sagen wie sehr man doch ist, was man ist – aber auch mag, wie man ist.

Noch mehr Energie kostet es den anderen zu halten und zu drücken und ihm klarzumachen: Lass mich trotzdem nicht los. Dem einen geht dabei die Kraft aus, andere nehmen sich Handschellen zu Hilfe und wieder andere saugen das letzte bisschen Energie aus dem Gegenüber. Und nur ein paar wenige erkennen im Gegenüber die Energiequelle, die sie benötigen, um auftanken zu können, um endlich wieder sich selbst zu sehen, um dadurch selbst zum Energielieferanten zu werden.

Menschen sind komplex und voller widersprüchlicher Natur. Doch manchmal gelingt es eben diese Verwirrung des eigenen oder anderen Ichs in geordnete Bahnen zu lenken. Natürlich gibt es dafür kein Geheimrezept – es sei denn, man zählt den Willen zur Offenheit und die Fähigkeit der Akzeptanz des Gegenübers hinzu. Es ist nicht die Erfahrung und auch nicht die Intelligenz, sondern nur der Intellekt, der Widersprüchliches einzuordnen weiß und erkennt, dass „wenn ich nichts erwarte, alles bekomme". So viel zur Theorie, die in der Praxis, selbst mit wachem Verstand und viel gutem Willem, oftmals versagt und vom Unbill des Alltags aus den Tiefen des Bewusstseins verjagt wird und untertaucht. .... bis, ja - bis zum einzigartigen Moment, in dem ein einzelner Satz genügt, Ketten zu sprengen, Gletscher zu schmelzen und Wunden zu verschließen.

Ein Wort genügt, um das, was eben noch war, in die Vergangenheit zu schleudern – manchmal auch ohne Rücksicht auf Verluste. Doch was eben noch ein Verlust war, entpuppt sich als Schicksalswende, der man fast dankbar sein muss. Ein Schachzug des Lebens, der dazu führt, eine Hand zu halten, die gibt und nicht fordert. In Augen zu blicken, die strahlen und nicht wütend blitzen. Zu umarmen ohne zu klammern, zu küssen – einfach weil es gut tut. Und letztendlich den Versuch zu starten gemeinsam zu leben und zu teilen als vielmehr gemeinsam zu leben und zu streiten.

Der Beziehungskiller „Sei doch so, wie ich mir das wünsche!" erstirbt in der Erinnerung und aus der Asche erwächst ein „unsere Unterschiede lassen uns gemeinsam wachsen oder stark werden". Aus einem zwanghaften „ich" wird quasi über Nacht ein „wir". Aus einem „Du" entsteht ein „uns". Das Grinsen wird wieder zum Lächeln und der Frust wandelt sich in fast unerträgliche Freude.

Und macht man die Augen auf, findet man sich plötzlich in einem breiten unendlich langen Flur mit vielen ungezählten Türen. Der warme Frühlingswind rauscht durch die Flucht des Flures und eben war es noch Dein Strahlen der 78 Sonnen, jetzt ist es die Stimme, die sagt „Alles ist möglich – lass uns jede einzelne Tür aufmachen und nachsehen, was sich dahinter verbirgt." Verlockend der Glanz, der durch viele Schlüssellöcher dringt, sorgenvoll die Dunkelheit hinter wenigen anderen Türen. Doch die Neugier siegt und langsam tastend machen wir uns auf – fröhlich und aufgeregt stolpern wir durch den Flur, in den uns der Zellenwärter des Lebens so unerwartet warf und folgen mit jugendlichem Entdeckergeist und kindlicher Unbeschwertheit dem Weg in unbekannte Räume, ferne Länder und neue Dimensionen.

Eine Reise aus der Vergangenheit in die Zukunft, eine Reise ins ich, eine Reise zu Dir – Endhaltestelle „wir".

Ende

Das erste Mal

So konnte es einfach nicht weitergehen. Mit 25 muss ich ständig daran denken, wie es wäre einmal Sex mit einem Mann zu haben. Tagtäglich jagen die Gedanken durch mein triebiges Gehirn und saugen sich fest. Also blieb nichts anderes übrig, als mich auf die Suche nach einem geeigneten Mann zu machen. Und wo findet man einen solchen? Damals noch in der „Zweiten Hand". Irgendwo zwischen Altmetall und gebrauchten Zylindern gab es immer ein paar Homosingles, die den Mann fürs Leben suchten. Aber denen zu antworten war nicht wirklich mein Ding. Immerhin hatte ich einen Ruf zu verlieren und wollte mich dann doch nicht so schnell preisgeben. Also setzte ich eine Anzeige ins Blatt: „25-Jähriger sucht ihn für´s erste Mal."

Gespannt erwartete ich die Säcke voller Post. Immerhin wollte ich mich entjungfern lassen, wenn das also kein Anreiz ist. Es verging eine Woche und ich hatte nicht einen einzigen Brief. Es verging eine zweite Woche ... nichts ... in der dritten versuchte ich es wieder und als ich schon am Aufgeben war, schrieb mir doch noch einer. „Jugendlicher Schwarzer suchte einen netten Menschen, mit dem er ab und an mal Spaß haben konnte. Einfühlsam und zärtlich ..." geil!, genau das, was ich suchte. Das erste Mal und gleich mit einem Exoten ... ich glaube, meine Erektion hielt drei Tage am Stück als ich seinen Brief bekam. Ich schrieb ihm zurück und kaum als der Brief bei ihm ankam, rief mich der Gute an.

Es quäkte ein wenig am Telefon und leider sprang nicht wirklich ein Funke über, der zur berauschenden Kommunikationsorgie führte. „Ach was", dachte ich mir, „will ja schließlich Ficken und nicht labern." Also machten wir nach dem zweiten Telefonat gleich ein Date aus. Romantisch wie ich nun mal war: 16 Uhr, am Bahnhof in Kaiserslautern. Den ganzen Tag über riss ich ständig neue Klamotten aus dem Schrank, duschte drei Mal, um ja frisch zu sein, rasierte mich, holte mir noch einen runter, weil ich nicht zu früh kommen wollte und mit viel Herzklopfen machte ich mich auf zum heimlichen Entjungferungstreff.

Und da stand er: Mindestens 195 groß, etliche Pickelnarben im Gesicht, ein Kreuz wie ein Schrank und in schwarzes Leder gepresst. Er sah wirklich so scheiße aus, aber eines war mir klar: Egal wie, ich zieh das Ding durch. Also ab zum Käffchen ins Bahnhofrestaurant, wo ich mir viele Ratschläge über böse Homosexuelle anhören durfte und wie viel Glück ich hatte, dass ich ihn traf. Ihn, der mit einer Vietnamesin verheiratet war, die mit dem gemeinsamen Kind in Amerika lebte, er wiederum Vietnamveteran und hierzulande mit einem Buchhändler aus Mannheim liiert. Warum er mich dann traf, wenn er einen Freund hatte, wollte mein naives Köpfchen nicht verstehen. Aber egal ... endlich waren wir draußen, um von der schummrigen Taverne an den Schienen in ein noch schummrigeres Loch zu wechseln. Ich bin immer noch fest davon überzeugt, dass es sich hierbei um eine umgebaute Garage handelte. Das Schlafzimmer war tabu – da darf nur sein Freund rein. Der war überall: Selbst verfasste Gedichte schmückten Wand und Tisch und Bilder: blond mit Seidentuch und ... äh ... schüttel ... egal ...

Es zündete eine Kerze an und ein Microghettoblaster plärrte sphärische Töne vor sich hin. Mein Herz drohte still zu stehen, als er mich das erste Mal angrabbelte. Knutschen war ja nicht und so rutschte auch meine Hand langsam zwischen seine Beine. Gott, was war das denn? Dachte ich mir, als ich dieses massige Stück Fleisch erfühlte ... nein, das konnte nicht sein?! Aber doch ... als er die Hose runterließ, da hing er, das dickste und größte Ding, das ich bis zum heutigen Tage je gesehen habe: Er war so lang wie mein Unterarm und er war auch mindestens so dick. Die Eier so fett, dass ich sie nicht in einer Hand halten konnte ... Gott sei dank traute ich mich damals noch nicht ans Orale ran, da wäre ich bestimmt erstickt ... jedenfalls versuchte ich mit ausladenden Hand- und Armbewegungen das Ding zu befriedigen, während es bei mir nur ab und an mal zuckte. Meine kleinen Finger konnten diese Riesenwurst grad mal so umfassen.

Urplötzlich sprang der Typ vom Sofa auf und schrie: Lick it! Hä? Sagte ich und als ich mich in Anbetracht dieser wippenden Keule vor meinem Gesicht erschreckt nach hinten fallen ließ, spritzte der Typ ab und spritzte und spritzte und spritzte ... vom Hals abwärts bis zu meinen Knien ergoss sich ein Spermastrom, von dem ich heute noch Albträume bekommen würde. Ich konnte mich vor Schreck fast nicht bewegen und es war so unglaublich widerlich als ich mich ins Bad aufmachte und die ganze Soße an mir runterlief. Eine Stunde stand ich unter der Dusche und kochte mich ab. Mit hummerroter Haut widerstand ich seinem „Undjetztduangebot", setzte mich in meinen Opel und fuhr mit 180 Sachen nach Hause. And diesem Abend war mir eines ganz klar: Ich bin nicht schwul!

Augenblicke

Oftmals sind es nur wenige Momente, die haften bleiben und wie Kaugummi am Schuh kleben. Bestenfalls zumindest, denn manchmal kleben sie auch wie ein Hundehaufen im Schuhprofil. Bröseln vor sich hin und riechen dauerhaft schlecht. Doch in diesem speziellen Fall ist es doch eher der rosafarbene Erdbeerkaugummi, der sich einfach nicht lösen will.

Nur wenige Momente am Rande der Tanzfläche genügten, um ein wunderbares Gefühl in die Magengegend zu zaubern. Dieses leise aber bestimmte Klopfen, das beständig danach ruft gehört zu werden, geht einem im Grunde genommen nicht mal auf den Sack. Auch wenn man sich offiziell darüber beschwert, insgeheim freut man sich dann doch. Es klopft, ruft und schreit – und verdammt noch mal, es wird gehört – viel zu laut sogar. Energisch wie es ist, hindert es am Einschlafen und manchmal hat man sogar das Gefühl von ihm geweckt zu werden. Kurz nach dem Aufstehen ist es auch schon wieder da:

Das Bild vom kompakten Mann am Tanzflächenrand. Seine dunklen Augen verirrten sich nur selten in meine Richtung, wo sie partout auch nicht kleben bleiben wollten. Wir kennen diese Abende: beschwingt, verloren in Glückseligkeit zum Takt der Musik, ausschweifende Partylaune, endlich mal wieder Raum zum Tanzen und zum Seele baumeln lassen. Während ich so vor mich hin zucke, nehme ich nur selten etwas wahr. Doch immer wieder, wenn ich die Augen öffne, dann suchen meine Blicke. Sie suchen nach den durchdringenden dunklen Augen am Rande der Tanzfläche. Insgeheim hoffe ich auf ein Zeichen, ein Aufblitzen, ein Lächeln – egal, irgendetwas, das sagt: Ich seh Dich! Wieder mach ich die Augen auf und ... aaaaaa ... er ist weg. Panik flackert auf. Scheinbar gleichgültig drehe ich meine Pirouetten, um im 360 Grad Radius nach ihm zu suchen. Nichts – er ist weg. Im zweiten Anlauf durchsuche ich die hinteren Reihen – aber auch hier: nichts. He is gone. Ich mach die Augen wieder zu, tanze und träume vor mich hin, bis ich nicht mehr an ihn denke. Wenn er noch im Club ist, werden wir uns wieder sehen. Und wenn es das Schicksal will, dann werden wir uns auch wieder treffen – so denke ich mir und tanze weiter.

Später auf dem überschwemmten Klo, Jungs die mit großen Augen aus den Kabinen kommen. „Ich war es nicht", höre ich immer wieder. „Ich war es auch nicht", geht es mir durch den Sinn, als ich vor der überschwappenden Kloschüssel stehe. Angewidert verlasse ich den Ort, an dem ein Reinheitsgebot keine Rolle mehr spielt, um mir die Hände zu waschen. Gerade als ich mein Haar gezupft hatte und mich der Papierrolle zuwenden will, sehe ich IHN. Direkt neben mir taucht er sein Gesicht ins Wasser. Selbst im unvorteilhaften Klolicht wirkt dieser Mensch so sexy.

„Nein, da ist ja der attraktive Mann wieder", platzt es aus mir heraus. Dümmlich grinsend stehe ich da und schau zu, wie er vom Hustenanfall dahingerafft wird. Während ich noch grinse, was das Zeug hält, schaut er mich an und wirft mir einen Blick zu. Ich schmelze dahin und stammele: „Wie heißt du denn?" Mit unendlich viel Charme bekomme ich „Moment, wenn ich die Hände abgetrocknet habe, kann ich Dir die Hand geben und es Dir sagen" zu hören und all mein Mut ist dahin. Ich bin geplättet und gleichzeitig wie gelähmt. Verzweifelt reibe ich meine noch nassen Hände an der Hose und versuche wenigstens trocken rüberzukommen. Er bemerkt es, reicht mir ein Papiertuch, wartet bis ich damit fertig bin, lächelt und sagt: „Hallo, ich bin der Reinhard." Während ich noch meinen Namen hauche, gibt

er mir einen Kuss auf die Wange und ist schon wieder fast an der Tür. „Ich habe mein T-Shirt verloren", meint er. Mein Gehirn kramt wie wild nach der richtigen Antwort und was sag ich Dummding: „Oh, das kenne ich, und wenn Du es schließlich wieder findest, dann willst Du es vermutlich nicht mehr haben, so wie es dann aussieht." ... Reinhard grinst und geht zur Tür hinaus. Ich bin wie gelähmt und schleppe mich ebenfalls hinaus. Draußen ist es dunkel, der Mann ist weg. Ich drehe mich nochmals um, blicke in die Toilette und sehe meinen in Ohnmacht gefallenen Geist im Dreck liegen. Drüber schwebt in großen Buchstaben „IDIOT".

Ich habe ihn seitdem nie wieder gesehen. Trotzdem - es war ein schöner Abend und die Erinnerungen dauern länger als nur einen Augenblick. Es sind die Momente, die aus einem Clubbesuch eine gelungene Party machen.

Ende

Headlines I

Chat-Headlines am 5. Dezember 2006 von 19.30 bis 21.50

Headline? Wozu? Jeder weiß doch, dass dies hier ein Chat ist !

Hallo, bin neu hier … suche Spaß :-)

Hallo Leute … versuch es mal hier in Gayromeo … bin auf der Suche nach Fun zu zweit, zu dritt … smile

wer suchet, der findet …

MICH ZU KRIEGEN, IST EIN KAMPF. MICH ZU HABEN, EINE EHRE.
MICH ZU KÜSSEN, UNBESCHREIBLICH. MICH ZU VERGESSEN? UNMÖGLICH!

come out and play!

Darf´s ein bisschen mehr sein?

Du stehst auf XXL!? Dann geh doch zu C&A!

… ich kann auch lieb sein.

Wenn ich online bin, suche ich meist ein livedate am liebsten Outdoor oder bei mir in meiner Nähe. Bin gerne Passiv.

hi, und hier bin ich …………… :) !!!

WER FURZT MIR IN DIE FRESSE? FACESITTING TOTAL

Give it to me Baby

----- och nö -----

was bin ich froh, seit 22 Jahren einen Partner zu haben

Bi-Mann sucht möglichst feste, diskrete Beziehung zu anderem Bi-Mann

Wenn du mich live siehst, stellt sich dir nicht die Frage, ob wir es machen, sondern wann und wo.)

24.11. - 1.12. auf Gran Canaria

...bin da! :-)

Und alles das, dem ich mich nie entwöhne

Bin neu hier und suche Kontakt und Sexdates

THE SWEET ESCAPE

I hate this place, what the fuck am i doing here anyway?

I'm trying to find a fit place for myself ... between heaven and hell on earth

angekommen, jetzt bin ich Hessen gelandet ... neue Kontakte herzlich willkommen

suche Jungs zum Ausgehen und Spaß :-)

dann mal ran *smile*

Kuschelwetter :-)

—— klick mich ... dann fick mich ...

Badewannenwetter ... magste mit?

Das Pferd zum Wasser zu führen ist eine Sache, es zum Trinken zu bewegen eine andere

LASS MICH GERNE ÜBERRASCHEN ...;-)

will Muskeln bewundern, anfassen und mehr ...

------- von nur glotzen passiert hier nie was ... grins

alles kann, nichts muss sein ----- alleine Sympathie entsc-heidet ---- aber ohne LIEBE ist alles nichts

Sex? Liebe? Freundschaft? Abenteuer? Party?

schau doch mal rein :-)

DAS LEBEN IST WUNDERSCHÖN. MAN MUSS NUR DIE AUGEN AUFMACHEN ...

Bauchkribbeln beginnt in den Augen

Ich bin ein Wesen, dessen Schöpfung nur ein halber Erfolg war. Denn ich bin nur ein Entwurf für etwas ...

Spruch des Tages : Scheiße muss schmecken, Milliarden von Fliegen können sich nicht irren :)

Schon mal im eigenen Blut ins Krankenhaus geschwommen?! ;)

Das ist aber kein barrierefreies Surfen ;-)

... back to basic ...

Motorradfahrer sucht Lederbiker

Die geilen Jungs zu mir ...

GEILER FICK GESUCHT

... vielleicht geilen Sex, Training oder auch mal Weggehen oder Freundschaft, es ist vieles möglich

Wo sind denn bloß die Schmetterlinge?....;.)))

KOMM hol das LASSO raus WIR spielen COWBOY und INDIANER

Sometimes a little bit nerdy ...!

xxxxxLet´s have Funxxxx

jeden Augenblick zu erleben

... FOR MORE CHECK AGAIN WHEN I AM ONLINE ;-)

wenn ich online bin suche ich geilen Sex und mehr

in nächster Zeit eher offline

Demnächst wieder in diesem Theater

HI, ALLES KLAR BEI EUCH? WENN IHR BOCK HABT, DANN SCHAUT MAL REIN ...!

Suche älter ab 45 , gerne behaart, stämmig

Guck mal, wer da klickt? :-)

Frontrunnerffm looking for sport and sex

Cute & Kinky :o)

Unkomplizierte Kontakte

Nette Männer für nette Sessions

Immer für eine Überraschung gut!

Das Leben ist eine Pralinenschachtel ...

ACH WIE GUT, DASS NIEMAND WEISS, DASS ICH AUF DEINE WITZCHEN SCHEISS!

Zu viel Kompetenz macht unsympathisch!

Just stay cool, all of you ...

Owner of a lonely Heart

Wer hält mich dann warm diesen Winter??

Netter Kerl aus FFM

Schneetiger sind lieb, treu und haben weiches glänzendes Fell :-)

Oh mein Gott, ich habe die ersten Osterhasen bei REWE gesichtet! Ist bald nicht erst Weihnachten?

Weekendsex

Auf der Suche nach anständigem Freitagabend-Sex im Web begegne ich 18-Jährigen, die von einer Gruppe vergewaltigt werden wollen, 20-Jährigen die so lange zum Abficken hinhalten, bis ihnen der Saft aus den Ohren kommt und 30-Jährige Glatzen, die schon nackt und gefesselt mit aufgerissenem Hinterteil in dunklen Hausfluren sitzen, während mollige Türken sich gegenleistungslos bedienen lassen wollen, um ihre Säfte direkt in die Speiseröhre zu spritzen! Ist das Zeitgeist, Größenwahn, Abgehobenheit, Dummheit oder doch nur die sinnlose Suche nach dem großen Kick? Zugegebenermaßen habe ich es auch schon versucht. Nackt und vorgeschmiert lag ich bei angelehnter Tür im dunklen Schlafzimmer, mein eigenes Blut schwitzend vor Angst. Ich hatte Glück und der Typ konnte auch nicht vor Aufregung und wir haben viel gelacht, bevor ich ihn wieder an die frische Luft setzte.

Auf Tanzveranstaltungen werde ich nur noch mit einem meiner Internet-Profilnamen angesprochen. Paare riefen: „Ach schau mal, wer da ist …", während ich verzweifelt nach einem Schild „Bitte nicht füttern!" suche. Mein verzweifelter Blick wird missverstanden und verständnisvolle junge Männer bieten ihre gummilosen Dienste an. Aber nicht nur das. Andere werfen sich meiner kompletten Partyfamilie an den Hals und diskutieren einen Gruppenfick. Weder Ablehnung und Verwunderung können helfen und kollektives Davonlaufen beschwört eine Verfolgungsjagd herauf. Später finde ich mich mit Gewalt in einer Klokabine wieder, wo ich abgesaugt werden soll. Die Flucht nach vorne endet in bösen Verwünschungen.

Tage später versuche ich es erneut und da sehe ich sie plötzlich. Die Anzeige eines Normalos, der Blümchensex geil findet und gerne auch mal ein Glas Wein trinkt und auch beim Sex lachen kann. Aber er hat kein Foto auf dem PC und eigentlich ist er ja auch befreundet und zu guter Letzt bis 25. Mai müde ... ach ja und unmobil haust er in Oranienburg.

Also gehe ich wieder aus und treffe auf angetrunkene Männer, die mit Begeisterung über mich herfallen wollen, aber nicht verstehen, dass ich das so und hier im Dunkeln gar nicht will – trotz Notgeilheit. Dann endlich läuft mir mein monatelanger Internetflirt über den Weg, der mich 5 Minuten später zusammenscheißt, weil ich mich zwei Wochen lang nicht mehr gemeldet habe und ihn so zur Spaßbremse degradiert habe. Warum hatte ich mich nicht mehr gemeldet? Ich weiß, da war was. Während ich noch darüber nachdenke, drehe ich mich um und sehe meine Exfickaffäre, wie sie mit nem Kind rumknutscht. Komisch, das hat der Kleine mit mir auch gemacht. Wochenlang haben wir uns getroffen, bis ich im deprimierten Zustand um Hilfe gerufen habe – seitdem habe ich nichts mehr von ihm gesehen, gelesen oder gehört. Aber ihm scheint es gut zu gehen, wie ich jetzt sehe. Also trinke ich noch ein Bier, dann stand er plötzlich vor mir – mein Traummann. Klein, schwarz und unglaublich gut aussehend. Vor Schreck denke ich mir: „Oh Gott, das ist der Teufel ..." Ich trinke schnell noch ein Bier und bin froh als die Erscheinung wieder vorüber ist.

Jetzt sitze ich wieder vor dem PC und denke über eine Strategie nach. Soll ich mich jünger machen, weil über 30 ergrauter Rollifahrer mit Schwester an der Seite impliziert. Oder soll ich mich doch einfach auf den Tisch legen und einen auf tot machen? Jeder darf mal – zwei waren schon hier! Ich weiß es beim besten Willen nicht .... Ich rufe meine Freunde an und frage nach. Komisch, es ist Sonntagmorgen und da kann kaum noch einer reden und faselt Zeug von Lines ziehen und

nebenan drei Jungs und ich kann grad nicht, weil da steckt ein Arm drin. Verwirrt gebe ich auch dieses Vorhaben auf und hol mir einfach einen runter. Jetzt ist wieder Sonntagmittag und ich kann entspannt ins Bett gehen und mir überlegen, wie ich es anstelle fürs nächste Wochenende einen tollen Mann zu bekommen. Vielleicht kann mir ja jemand mit Vorschlägen und Anregungen dabei helfen. Oder muss ich mich doch einfach nur dem Zeitgeist hingeben und Montags anfangen die erste E zu schmeißen, um mich den Rest der Woche von einem 23-jährigen Zuchtbullen in allen Stellungen kräftig abficken zu lassen, wobei ich dabei einiges vertragen sollte ... Ich probier es nochmals und frage, ob auch jemandem mit geilem Knutschen geholfen ist und bei stimmiger Chemie werden wir den Rest ja sehen ... Hurra, nach zwei Tagen meldet sich dann doch jemand:

Hallo! 52, 170, 85, p - anbei ein Schwanzpic, Pillen habe ich auch hier ...

Ende

Karussell

Irgendwer hat den Knopf gedrückt und
die Fahrt wird schneller und schneller.

Es geht auf und ab, mal vorwärts, mal rückwärts.

Der Fahrtwind bläst mir eiskalt ins Gesicht und
raubt mir den Atem.

Von Minute zu Minute lassen meine Kräfte nach.

Ich weiß nicht mehr, wie lange ich mich noch halten kann und
spüre, wie ich langsam von innen nach außen rutsche.

Ich sehe mich bereits durch die Luft fliegen und
kann nicht sagen, wo ich landen werde.

Vielleicht in einem Zaun, der mich aufspießt.

Wenn ich Glück habe, wird es auf einem Heuballen sein und
ich komme nochmals heil davon ...

Mir fehlt die Kraft, mich weiterhin zu wehren und
mich festzuhalten.

Oft bin ich versucht einfach loszulassen.

Ich wünschte, es gäbe eine Hand, die mich festhält und
mir verspricht, mich nicht loszulassen.

...

Willkommen im Leben.

Ende

Scheiß Bratwurst

Was sind eigentlich die Dinge, die das Fass in einer Beziehung zum Überlaufen bringen? Ist es die Klobrille, die zum millionsten Mal nicht nach oben geklappt wurde, die Zahnpastatube, die immer im vorderen Drittel plattgedrückt wurde oder einfach nur die Bratwurst, die nach „einem Bissen haben wollen" nicht mehr existent ist?

Es ist alles und nichts. Selbst ein falsch abgestellter Teller kann eine Explosion hervorrufen und die Frage nach dem Warum und Wieso ist mehr als mühselig und auf Dauer auch nicht wirklich fruchtbar. Letztendlich ist es sogar ziemlich gleich, warum das Fass übergelaufen ist, den klar ist, dass der Inhalt überschwappte und es kein Rad gibt, das diesen Zustand wieder zurückdrehen kann.

Steter Tropfen höhlt den Stein – wie man so schön sagt. Die Zahnpastatube ist nicht der stete Tropfen, aber die Diskussionen, die sich im Laufe einer Beziehung immer wiederholen, sind die Wassertropfen, die zum Wasserfall werden, um nicht nur Steine auszuhöhlen, sondern ganze Landschaften wegzuschwemmen. Bei den einen sind es die Diskussionen um das geliebte und zeitaufwendige Hobby des Partners, bei den anderen ist es die Impulsivität des Charakters, welche den Partner verzweifeln lässt. Wie viele Chancen gibt einem das Leben, wenn man ein und dieselbe Sache zum hundertsten Mal diskutiert und immer noch auf keinen gemeinsamen Nenner kommt? Wie viele Zugeständnisse kann man machen, ohne sich selbst reglementieren zu müssen? Ist es ertragbar jedes Wort sorgsam zu wählen, immer auf den richtigen Tonfall achten zu müssen oder den Partner immer im Bilde darüber zu halten, wann man mit wem, wo und wie ausgeht? Können Diskussionen über Wertigkeiten im eigenen Leben generell zu einem Ziel

führen, wenn Galaxien zwischen den Meinungen liegen? Wie glücklich und vor allem mit welchen Chancen auf Bestand kann eine Beziehung geführt werden, wenn man den Partner erst hinbiegen muss, um mit ihm leben zu können? Eine Frage, die man sich wieder und wieder stellen kann und sicherlich wird es viele Meinungen dazu geben. Aber lässt sich das eine vorbehaltlos umsetzen, wenn man das andere lange Jahre und problemlos praktiziert hat. Wie soll es in einer Person aussehen, wenn der neue Partner alles in Frage stellt, das man für sich über viele Jahre hinweg aufgebaut hat? Einfach Ja und Amen sagen? Neuer Partner, neues Glück, neue Bedürfnisse und natürlich sind seine Kritiken angebracht, weil mein altes Leben ohne ihn stattfand und damit die eigenen Wertigkeiten zu den Akten gelegt werden sollten? Wie geht man mit einer übersteigerten Sensibilität des Partners um, wenn diese den eigenen Charakter in Frage stellt und Vorwürfe und Feststellungen die Sicht des Sensiblen prägen, die so nicht richtig ist, weil einfach und natürlich „zu subjektiv" gesehen wird. Wenn man laufend zu hören bekommt: „Ich und viele Deiner Freunde sagen, dass ... ja und selbst Dein Exfreund findet ..." – kann man dann noch Lust darauf haben sich in die Beziehung zu stürzen, wenn doch alle um einen rum glauben, dass man so furchtbar ist. Jahrelange Beziehungen und noch längere Freundschaften als Gegenbeweis nicht anerkannt werden?

Wie viel kann und will man ertragen – nur um in Frieden leben zu können, wenn es auch die Aussicht gibt als der, der man nun mal ist, in Frieden leben zu können. Und – ganz wichtig – man auch weiß, dass es irgendwo da draußen Menschen gibt, die eben mit diesen – meinen – Charakterzügen wunderbar umgehen können? Eben, weil man ja schon mehr als ein Jahrzehnt Praxiserfahrung hat, welche dem Gegenüber fehlt.

So wie ihm die Gelassenheit und manchmal auch die Toleranz des Andersseins fehlt. Und was, wenn das einstige Kribbeln in der Magengegend einem Grummeln gewichen ist, das sich mit jeder Diskussion ausweitet und lauter wird und immer intensiver daran arbeitet zu einem ausgewachsenen Geschwür zu werden?

Ab wann hat man Stärke bewiesen, Kampfesgeist gezeigt und genügend Willen aufgebracht, um das Ruder in die richtige Richtung zu bringen? Wann sollte man den Verstand einschalten und sich fragen, ob man mit aller Gewalt etwas durchsetzen will, das eigentlich wunderschön wäre aber vielleicht vom Schicksal nicht gewollt ist und es für zwei Persönlichkeiten besser wäre sich nicht aneinander aufzureiben, weil der Strang, an dem man ziehen will, unweigerlich zerreißen wird. Wäre es nicht besser als Freunde durchs Leben zu gehen, wenn die eigenen Normen nicht erfüllt werden können, wenn man dadurch an Stärke gewinnt und der verlorene Spaß zurückkehrt, weil man keinen Erwartungen mehr entsprechen muss, die offensichtlich nicht erfüllt werden können? Ist Liebe ein krampfhaftes Festhalten oder kann Liebe auch das Loslassen sein, wenn Toleranz und Akzeptanz, Ideale und Tatsachen, Wunschvorstellungen und Realität nicht in eine Schachtel passen wollen.

Kann Liebe nicht einfach auch nur Erkenntnis bedeuten, auch wenn diese nicht in die gewünschte Richtung geht? Ist die Feststellung „.... in Deinem Herz gibt es keinen Platz – für niemanden – nur für dich selbst" die Antwort auf alle Fragen oder vielleicht der Tropfen, der den Staudamm zerbersten und die Wassermassen ungebremst ins Tal fließen lässt, um im natürlichen Flussbett wieder zur Ruhe zu kommen?

Ende

Die Affäre

Wie man sich als Liebhaber oder als Affäre fühlt? Geil, man knutscht und vögelt rum, springt unter die Dusche und verlässt das Haus. Ein Abschiedskuss und ein fröhliches „Bis zum nächsten Mal" und schon ist man weg und bald ist man wieder in den eigenen vier Wänden. Was das Verhältnis denkt und fühlt ist ziemlich egal. Schließlich geht es ja um Spaß. Um verbotenen Spaß und man hat nichts zu verlieren. Man gewinnt – fröhliche, lustvolle Stunden.

Wie sieht es aber aus, wenn man seine eigenen vier Wände mit dem eigenen Freund teilt? Wie fühlt man sich, wenn man die Wohnung des Liebhabers verlässt, durch verschneite Straßen läuft und versucht wieder klare Gedanken zu bekommen. Was überlegt man sich als Entschuldigung. „Was, schon 23 Uhr? ... Habe ich gar nicht gemerkt" zieht nur selten. Nein, man benötigt auf Dauer Verbündete, die einem den Rücken freihalten. Freunde, die einen decken, Menschen denen Du vertrauen kannst. Und DU brauchst eine gewaltige Portion Ignoranz, Abgebrühtheit und Mut und eine gewisse Arschigkeit, das in dich gesetzte Vertrauen zu missbrauchen. OK, natürlich missbraucht man in dem Moment nicht bewusst, weil man war ja nur kurz vögeln. Also nur das, was der Partner schließlich oder vermutlich auch hin und wieder macht. Aber wenn Deine heimlichen Stelldicheins sich über Wochen und Monate hinwegziehen, dann ist der Missbrauch da – vollzogen. So vollzogen wie jeder einzelne Fick, den du die letzten Monate hingelegt hast. Aber gut, vielleicht kann man auch darüber diskutieren. Dann nämlich, wenn ohnehin beide am Rummachen sind. Ist es also verwerflich sich regelmäßig mit demselben Typen zu treffen, anstatt einmal in den Darkroom zu rennen und ein anderes Mal in die Sauna zu flüchten? Da gibt es sicherlich ganz individuelle Antworten.

Weniger individuell sind die Antworten, wenn sich die Fick-affäre so ganz anders entwickelt. Wenn aus dem anfänglichen „Oh, wie geil .. .alles neu … schöne Erektion … geiler Schwanz … was für ein Abspritzen" eine Verabschiedung mit inniger Um-armung wird. Wenn der Afterfickrun nach Hause immer lang-samer wird. Wenn Du neben Deinem Freund auf dem Sofa sitzt und an die vergangenen Stunden mit dem Liebhaber denkst. Was, wenn Dein Handy dreimal so viel SMS-Nachrichten emp-fängt als sonst? Wenn jedes Klingeln Dir den Angstschweiß auf die Stirn treibt und Deinen Partner fragend dreinblicken lässt. Wie fühlst Du Dich, wenn Du auf das Klo gehst, nur um SMS-Nachrichten zu empfangen. Irgendwann kommen die er-sten bohrenden Fragen. Du versuchst auszuweichen und er-findest Geschichten. „Mein Kumpel hat Probleme" oder „mein Arbeitskollege kommt nicht voran und benötigt noch Hilfe". All dies klappt auch für eine Weile, doch die Geschichten, die Du erfinden musst, werden mehr, werden umfangreicher und werden komplizierter.

Dazwischen triffst Du auf Deinen Liebhaber – ausnahmsweise ganz zufällig. Vorbei ist es mit dem entspannten Abend, wenn Du mit Deinem Freund im Restaurant sitzt und die Affäre plöt-zlich ebenfalls anwesend ist. Zwischen Hummer und Lachs wechseln unauffällige aber verzehrende Blicke. Dein Freund bemerkt natürlich, dass Du nicht wirklich bei der Sache bist. Wenn es dumm läuft, sieht er vielleicht sogar, mit wem Du die Blicke tauschst. OK, an dieser Stelle kannst Du immer noch sagen „Aber das ist doch ein Süßer, lass mich doch ein wenig flirten." Klappt aber leider nur einmal.

An anderen Tagen gehst Du mit Deinem Liebhaber aus und wirst von guten alten Freunden gesehen. Sie sind ständig da und sehen alles. Und sie erzählen auch alles, das weißt Du. Also gilt es sich so unauffällig wie möglich zu benehmen. Bloß nicht küssen, bloß nicht fummeln und auch am besten nicht anlachen.

Doch eines Tages wirst Du Dich ganz anderen Fragen stellen müssen. Fragen und Feststellungen, die nicht nur Deine Beziehung bedrohen, sondern auch das Aus für die Affäre bedeuten. Dann nämlich, wenn sich die Affäre nicht mehr mit Deinen Reaktionen und seinem eigenen unbefriedigenden Verständnis zufrieden gibt. Eines Tages wird er sich auch nicht mehr mit dem dritten Platz in der Anredenliste Deiner Massenmails zufrieden geben. Er wird auch keinen Satz mehr lesen wollen, wo es um den geliebten Ehemann geht. Er wird die Situation der vergangenen Monate nicht länger hinnehmen wollen. Du wirst darüber nachdenken müssen, ob Du ein Mal etwas nur für ihn und nur mit ihm unternehmen wirst. Der Wunsch in Deine Augen zu schauen, Deine Stimme zu hören, Dein Lächeln zu sehen und dabei zu wissen, dass eben dieses Lachen, dieser Blick, diese Augen und diese Stimme nicht ein paar Stunden oder Tage früher Deinem Mann gegolten haben – wird mit jeder Minute größer. Die Affäre wird immer drängender auch mal spontan zum Frühstück kommen wollen. Er wird sich nicht mehr länger bohrenden Fragen seiner Umwelt stellen wollen. Und schließlich wird es in seinem Herzen rumoren und toben. Der Sturm im Bauch wird zum tosenden Orkan der wissen will, ob diese tief in ihm steckende, unangeschlagene und ungeteilte Liebe, die er für Dich empfindet auch wirklich gut aufgehoben ist. Wenn all diese Fragen offen bleiben und seine Sehnsüchte nicht mehr länger respektiert werden, dann wird er sich fragen, was er eigentlich noch bei Dir zu suchen hat, wenn er all das nicht weiß.

Und eines Tages ist er weg und mit ihm Dein Ehemann, der natürlich zwischenzeitlich Wind davon bekommen hat. Deine Liebe, die du wirklich und wahrhaftig empfunden hast, wirkt wenig glaubhaft und zurück bleiben drei zerstörte Existenzen. Nichts wird mehr so sein wie es mal war und auch Jahre später noch wird sich das Gefühl der Liebe nur noch als Schmerz zurückmelden. Ein Schmerz, den Du nie vergessen wirst, weil er Dir alles genommen hat. Ein Schmerz, dem die Wahrhaftigkeit egal ist. Ein Schmerz, der Dich beim Blick in den Spiegel verfolgt. Irgendwann wirst Du Dich nach dem Warum fragen und keine Antwort mehr finden. Und lernst Du eines Tages wieder jemanden kennen, hast Du nur einen netten Fick in der Sauna und der Typ will Dich wiedersehen, dann ist das eben Geschehene schlagartig weg und der Schmerz und die Erinnerungen der Vergangenheit wieder da. Was ist es wert, eben diesen Menschen nach vielen Jahren auf der Straße zu treffen und die Intensität seines Blickes zu spüren, die bewusst macht, dass der Schmerz nie aufhören wird.

Was ist es wert ...

Erinnerungsbilder

Eine Amnesie ist die Störung oder der Ausfall von Erinnerungsbildern, die nur von zeitlich begrenzter Dauer ist, was nur rela-
tiv zur Beruhigung beiträgt.

„In bestimmten Situationen speichern wir eine Information nur
wenige Sekunden oder Minuten. Das ist die Funktion des Kurz-
oder Arbeitsgedächtnisses und ein temporärer, extrem insta-
biler und empfindlicher Prozess, bei dem im Durchschnitt nur
sieben Einheiten (z. B. Zahlen oder Gegenstände) gespeichert
werden können. Anders ist es mit dem Langzeit- oder Ref-
erenzgedächtnis. Es speichert Informationen über Stunden,
Wochen oder Jahre hinweg und lässt sich in zwei Grundtypen
einteilen: implizites und explizites Gedächtnis. Mit dem impliz-
iten Gedächtnis werden motorische Fähigkeiten, z. B. Fahrrad-
fahren, und Wahrnehmungsfähigkeiten gespeichert, mit dem
expliziten Gedächtnis Ereignisse, Situationen und Fakten.“
Und da haben wir auch schon ein explizites Problem, welches
auf den ersten Blick keine implizierte Gleichung zulässt, welche
einen vernünftigen Lösungsansatz für den Verlust der grauen
Zellen bietet, steht doch auf jeder Seite der potenziellen Gleichung eine isoliert stehende Variabel: Ich nenne Sie mal 0-0
oder „weg ist es“.

Da wacht man an einem sonnenverwöhnten Spätherbsttag
im heimeligen Bettchen auf und zuckt bei der ersten Bewegung, scheinbar tödlich getroffen zusammen. Schön wenn
der Schmerz auch im Gehirn nachlässt – auch wenn selbiges
wenige Momente später diverse partielle Totalausfälle zu be-
klagen hat. Den Weg zum Bad findet es noch und auch das
Spiegelbild wird nicht als allzu abstoßend empfunden. Doch
nichts sagt mir, wie dieses Pflaster an meine Hand kommt.
Ich überlege, schrubbe mir die Zähne, versuche mich langsam

zu bewegen und doch.....O-O schlägt zu und ich frag mich: „Wo isses?" Ich suche verzweifelt, ich wühle in den hintersten Kammern meiner verschütteten Hirnmassen, doch nix, O-O bleibt standhaft und nicht auffindbar. Ich schaue nach meinem Geld und stelle fest, dass der Abend gerade mal 30 Euro gekostet hat – wer hat die 20 Bier bezahlt, in denen mein Hirn noch immer schwimmt? Okay, ich rekonstruiere dann mal: den einen Laden verlassen, weil morgens um drei immer noch nicht mehr als 40 Personen zu den zahlenden Gästen gehörten. Dann den nächsten Laden aufgesucht. Aber wie bin ich dort hingekommen? War ich allein oder war mein Kumpel noch dabei? Der nächste Erinnerungsfetzen ist nicht weniger aufschlussreich: Der Kumpel verabschiedet sich. Aber war das nun im ersten oder im zweiten Laden? Und dann taucht wieder ein Bruchstück auf: Ich gehe mit einem jungen Mann an einen Tisch und trinke etwas. Da reißt der nur wenige Millimeter lange Faden ab. Danach wachte ich in meinem Bett auf. Eine Schnittwunde am Finger ist wohl die einzig offensichtliche Wunde. Auch die primären Geschlechtsorgane haben keinen Schaden davongetragen und weisen keine Beanspruchungsmerkmale auf. Fazit: ich bin weder beraubt noch vergewaltigt worden und bin somit wohl doch kein Opfer eines hinterhältigen Verbrechens, wenn ich mal die bewusstseinsverändernde Bierindustrie mit ihren Schankanlagen ausnehme.

Doch wie geht man mit einem zeitlich begrenzten Verlust von Erinnerungsbildern um? Wird man sie wiederfinden? Wie lange sucht man und wird man sich Sorgen machen? Oh ja, man wird! Einst setzte ich mich in Leipzig am helllichten Tag in eine Straßenbahn, telefonierte und stieg verwirrt irgendwo im Nichts aus, um festzustellen, dass die Straßenbahn, in die ich gestiegen war und welche die einzige Bahn ist, die vor meiner Wohnung hielt und mit der ich tagtäglich zur Arbeit fuhr, nicht in dieser Region verkehrt und auch kein Verbindungsgleis zwischen der einen und der anderen Linie besteht. Ich habe nicht die leiseste Ahnung, wo, wann, wie und warum ich die Bahn gewechselt haben soll. Und bezüglich dieses Vorfalls gibt es auch keine Erinnerungsfetzen, die bruchstückhaft wiedergekehrt sind. Nun sitze ich also zum zweiten Mal vor einer Lücke ... einer grässlichen Lücke, die einem großen schwarzen Loch gleicht, das alles in sich reinsaugt. Ob das wohl zu behandeln ist? Muss ich mich bzw. die schwabbelnde Masse da oben kontrollieren lassen? Oder ist es einfach normal, dass es von Zeit zu Zeit passiert? Was, wenn ich eines Tages auf einer Bank in einer fremden Stadt aufwache und nicht mehr weiß, wer ich bin? Fragen über Fragen und das große mächtige O-O bleiben bestehen. Es wird also spannend und der nächste Besuch in der Lokalität – vielleicht – sehr aufschlussreich. Nicht umsonst sind auch Engel manchmal blau – und wer weiß, vielleicht wissen die Flügelwesen der Nacht ja ein wenig mehr als ich. Und wenn nicht – dann möge das Siegel der Finsternis für immer geschlossen werden.

Aber vielleicht beantwortet ja Whitman die Frage nach dem O-O:

Oh ich, oh Leben!
Auf all diese wiederkehrenden Fragen,
auf diesen unendlichen Zug der Ungläubigen,
auf die Städte, die voller Narren sind,
Was habe ich darauf für eine Antwort –
oh ich, oh Leben?
Dies aber ist die Antwort:
Du bist hier, damit das Leben blüht
und die Persönlichkeit,
Damit das Spiel der Mächte weitergeht ...

Ende

Headlines II

Suche von 18-27 Jahre für Spaß und Fun

Have fun in your Live

Devote Stute sucht geilen älteren Mann

Ich suche Wohnung oder Zimmer für Februar, März München Norden möglicherweise

JETZT BIN ICH AUCH HIER ...

neu in FFM/Offenbach

Was heute nicht richtig ist, kann morgen schon völlig falsch sein.

Bl-Junge sucht Abenteuer in FFM

online - früher war alles schlechter

"KÜSSEN" WAR MEIN LIBLINGSFACH IN DER SCHULE GEWESEN!

Alles kann nix muss

Bin zurzeit nicht da.................

Suche Liebe. Offene Menschen..

> SUCHE - (SM) - LIVE-Action !! - - HART und HEFTIG !!

Lebe Jetzt ! (oder spätestens am Wochenende..)

Gedanken sind stille Begleiter, einmal glücklich, einmal traurig, aber immer fühle ich sie.

Life is a beach

I've heard it said that people come into our lives for a reason ...

SCHWARZHAARIGE IM ROTEN T-SHIRT HABEN WAS ;)

carpe diem. der tag hat 24 h. und die Nacht?

happy people...spread love!

hmm ....

auf der Suche nach einem älteren Freund zum Chatten oder was sich vielleicht noch alles ...

... die Zeit ist der Prüfstein jeder Existenz ...

Irgendwo was los im Nebel? Mittwoch und Donnerstag in Frankfurt

nicht mal ein Facepic zeigen! Wer das nicht kann oder will (weil ungeoutet - wie armselig) sollte eigentlich gleich wieder gehen ... achja und KEINE BI'S - möchte meinen Körper verwöhnen, net verarschen! ! !

~~ Love is like the moonlight ~*~*

VNP - VERY NICE PERSON, VERSUCHT'S MAL!

Suche Muckies zum fighten und kuscheln

I wanna sex on the beach and I don't mean on the rocks!

Sex, Drugs and Rock'n Roll!

Normaler Mann (ge)sucht und :-)

Meine Besucher in den letzten 24h

Na Jungs, was geht ?

- KNACKARSCH WILL LIEB F*****...

Date für heute gesucht ...

Geiler heißer Sadoteufel sucht Opfer ...

Der Bub ist weg ...!!!

was soll Mann immer schreiben, finde es doch einfach selber heraus ...

Suche einen Arschversohler!

Hallo Boys meldet euch mal bei mir und eure Phantasien und geheimsten Wünsche werden wahr.

Spruch des Monats: "Ich bin Frau Schüller. Sie sind hier, um lustig zu sein!"

Mens Sana in Campari Soda ...

RING MY ALARM BABY!!!

profile_reloaded_online

Achtung!! Bitte, lese zuerst Text in meinem Profil richtig durch, danach könnt ihr mir was ruhig schreiben, ok? Bis 30J

GENUSS OHNE REUE!!!!

"Moralische Entrüstung besteht in den meisten Fällen zu 2 Prozent aus Moral, 48 Prozent aus Hemmung und 50 Prozent Neid."

Nett? Sympathisch? Charmant? Zwischen 18 ~ 40 und evtl. mehr als nur „das eine" im Kopf?

http://www.werhatdenlaengsten.de/423.html

Nachts ist es kälter als draußen!

HEY BOYS, NA WIE GEHT'S? BIN ETWAS EINSAM UND SUCHE NETTEN BOY FÜR FRIENDS UND MEHR. WÜRDE MICH FREUEN. ABER BITTE NUR BIS ALTER 22. VLG

Dem Mutigen hilft das Glück ...

SiFi-Fans hier für nen Videoabend

Tach Junx alles fit ?

Wenn du dies hier lesen kannst, dann bist du leider zu spät dran .... ich bin nicht mehr online, komme aber bestimmt bald wieder.

Jeder sieht, was Du scheinst. Wenige fühlen, was Du ...

TACH ACH, ICH BIN, WER NOCH?

Sunshine, Blue Sky, Babyblue sea, Coconut and Sand. Nice Drinks and Dinner with just happy companies or a bottle of wine n cheese tray for two of us at the balcony.

Sei geweckt, Du Interesse, Du!

MTK nett, ehrlich, mobil...

pigplay bevorzugt!

UNKOMPLIZIERTES DATE GESUCHT, AUF EIN BIER UND DANN GUCKEN WIR MAL ...

... du kommst hier net rein ...

BIN SKLAVE, DER EINEN HARTEN, ABER FAIREN MASTER SUCHT. BEI ENTSPRECHENDER DOMINANZ ALLE TOUREN MÖGLICH!

fun und Spaß den ganzen Tag

für eine schöne Stunde, Abend, Nacht oder länger

hier bin ich ... wo bist Du ???

Was du nicht willst, das man dir tu, das füg ....

Flowers blooming morning dew and the beauty seems to say it's a pleasure when you treasure all that's new and true and gay..... Luther V.

Habe alles, was ich brauche !

ICH BIN NETT, UNKOMPLIZIERT UND OFFEN :-)

Salut à tous !!

——————— AUSZEIT ———————

Ende

Freude

Freude Dich morgens an meiner Seite zu spüren
Freude nachts Deinen Schweiß
an meinem Körper kleben zu haben
Freude Dein Räuspern zu hören
Freude mit einem „Pronto" begrüßt zu werden
Freude mit Dir zu kochen
Freude zu sehen, wie andere vor Neid platzen
Freude nach Dir gefragt zu werden
Freude auf Dich zu warten
Freude mit Dir zu schlafen
Freude mit dir zu gackern
Freude mit Dir Frösche im Film zu sehen
Freude mit Dir zu lästern
Freude Dich zu trösten
Freude Dich zu umarmen
Freude Deine Sorgen und Deine Wut zu hören
Freude mit Dir zu streiten
Freude mit Dir zu philosophieren
Freude an Dir
Freude an unserer Zukunft
Freude die Vergangenheit mit Dir zu teilen
Freude über das wir
Freude über die Freude

Nur ein Lächeln und das Strahlen Deiner Augen und die
Freude verwandelt sich in Glück

Heiratswillig

„Lauf nicht weg!", habe ich ihm gesagt als wir uns das letzte Mal gesehen haben. Das ist nun über zwei Monate her und seitdem habe ich nichts mehr von ihm gehört. Dazwischen lagen Wutanfälle, Depressionsschübe, Mordgedanken und manchmal auch viel Wehmut über das verlorene Glück. Doch eigentlich macht das ja nichts, denn in dieser Stadt gibt es ja genug Heiratswillige - das bilde ich mir zumindest ein und so machte ich mich auf, um das neue Glück zu finden. Und in der Tat geben sich, seit ich Single bin, heiratswillige Jungs die Türklinke in die Hand. Abends habe ich noch mit Florian rumgemacht, der regelmäßig mit Blumen vor der Tür steht und kaum dass er frühmorgens aus meinem warmen Bettchen gekrabbelt ist, kommt schon eine SMS, die frech fragt: „Ist der Kaffee schon fertig – Knutscher Carlos?" Natürlich ist der Kaffee schon fertig, aber dass es sich dabei um meine fünfte Tasse handelt, verschweige ich besser.

Mit Koffein zugedröhnt verabschiede ich Florian, rase ins Schlafzimmer und beseitige Kondome und die Spuren der Nacht auf dem mittlerweile zwei Wochen alten, schwer befleckten Laken, packe das benutzte Frühstücksgeschirr weg und schwirre zur Tür, als es viel zu früh klingelt. „Hallo, komm rein, zieh dich aus, leg Dich hin, wir müssen reden", sollte ich eigentlich sagen. Stattdessen trinken wir Kaffee und nach 15 Minuten bekomme ich auch schon seine Sahne auf meine Brust gekleckert. Ich kleckere nicht ganz so schnell zurück, wir knutschen noch wie wild im Hausflur und nach 45 Minuten ist der Spuk zu Ende, weil Carlos nämlich zur Arbeit muss.

Ich freue mich über die Ruhe, räume die Zeugen des Geschehens weg und springe nun zum zweiten Mal an diesem Morgen unter die Dusche. Mir tut mein Schwanz weh und die Schmerzwellen jagen direkt in mein Gehirn und stellen sich die Frage: Was tust Du da eigentlich? Wie selbstverständlich höre ich mich sagen: „Ich suche mir einen Ehemann." Doch noch ehe mein Gehirn mit Einwänden reagieren kann, klingelt das Telefon.

„Hallo, hier ist Thomas. Ich bin gerade unten an der Ecke. Darf ich hochkommen? Hast Du Zeit?" Klar habe ich Zeit, ich bin ja arbeitslos. Wieder stürze ich ins Schlafzimmer, um zu kontrollieren, ob alles wieder an seinem Platz liegt. Schnell die Handtücher von Florian und Carlos verstecken, das zweite Frühstücksgeschirr wegpacken und da steht er auch schon in der Tür. Thomas hat mir Schokocroissants vom Türken mitgebracht und mit seinem gewinnenden jugendlichen Lächeln drückt er mir einen Kuss auf den Mund. Ich freue mich ihn zu sehen. So wie ich mich auch über Florian und Carlos gefreut habe. Doch bevor ich mich weiter freuen kann, sitzt Thomas auch schon in Reiterstellung auf mir und macht die Hose auf. Ich kann allerdings nicht mehr und erkläre ihm, dass ich mir eben unter der Dusche einen runtergeholt habe. Er nimmt es mir Gott sei Dank ab und schenkt mir seinen Saft ohne mein Zutun. Das habe ich also auch hinter mich gebracht und zwei Stunden später ist der Student mit zu viel Tagesfreizeit auch schon wieder verschwunden.

Also überlege ich mir wieder mal: wer ist denn nun der geeignete Ehemann? Im Bett sind sie ja alle drei perfekt. Der eine ist blond, der andere ein Exot und der Dritte sehr jung. Sie kommunizieren, sie können kochen und die Schwanzgröße stimmt auch. Der eine neigt zur Dominanz, der andere ist eine Stute und Florian ist beidseitig bespielbar. Mmm – aber was will ich denn? Ich überlege und suche fieberhaft nach einer Lösung des Problems. Also mache ich mir eine Liste: Charakterstärke,

Zuverlässigkeit, Ehrlichkeit, Sexhäufigkeit sind Schlagworte, die ich niederschreibe. Es scheint nicht mein Tag zu sein, denn diese Aufzählung bringt mich kein Stück weiter, kann ich doch jedem der drei dieselbe Punktzahl zuschreiben. Vielleicht sollte ich ja auch gar nicht heiraten und alles so lassen wie es ist, frage ich mich und mache weiter mit dem täglichen Allerlei.

Mein Handy kräht und zeigt mir eine sms-Nachricht an: „War so schön gestern Nacht mit dir...", schreibt mir Florian. Ich freue mich und bedanke mich und als ich noch so am Tippen bin, meldet sich mein PC zu Wort: „You´ve got a mail." „Hallo mein Lieber, wollte Dich nur wissen lassen, dass ich gerne mehr solcher Frühstücke hätte. Am liebsten regelmäßig ... Gruß Carlos." Mir hüpft mein Herz vor Freude und als mein geschmeicheltes Ego noch über eine adäquate Antwort nachdenkt, klingelt wieder das Telefon. „Ja, hier ist Thomas nochmals. Macht nichts, dass du vorhin nicht konntest. Ich fand es trotzdem geil und wir haben ja noch viele Möglichkeiten zur Wiederholung, oder?!" Ich stammle ein „ja sicher und gerne doch" und lege auf.

So ein Mist. Ich rutsche immer weiter ins Heiratsdesaster und sehe schon die dunklen Wolken der herannahenden Katastrophe über mir. Dideldidü – das Telefon klingelt schon wieder und ich trau mich nicht abzunehmen. Auf dem Display sehe ich die Nummer meines besten Freundes. Ich nehme ab und sofort dröhnt es in meinem Ohr: „Ich halt das nicht mehr aus ... gerade jetzt, wo ich so einen netten Kerl kennengelernt habe, will mein Ex wieder was von mir und ich kann mich nicht entscheiden." Auch er befindet sich im Wen-nehm-ich-nur-Findungsprozess und wir fangen an Witze zu machen. Findige Prinzessinnen hatten da doch immer tödlich verlaufende Aufgaben für die Prinzen auf dem weißen Schimmel zur Hand. Der

Überlebende durfte sich freuen und bekam die Angebetete zur Frau. Ich brauche also eine Aufgabe. Einen Moment grübele ich nach und beschließe alle drei anzurufen.

Florian erzähle ich, warum mich Carlos und Thomas wenige Stunden nach seinem Abgang besucht haben. Carlos erzähle ich von seinem Vorgänger Florian und Nachfolger Thomas. Thomas bekommt von mir die Wahrheit über mein sexuelles Versagen zu hören. Und allen dreien versichere ich, wie sehr ich sie mag und in welch seelischem Zwiespalt ich mich befinde.

Der, der mich wirklich liebt, wird übrig bleiben – da bin ich mir ganz sicher und beende erleichtert das letzte Telefonat. Es dauert nicht lange und mein Handy wird erneut zur hektisch krähenden sms-Empfangsstation:
1. „Du Arsch, so ein Scheißspiel mit mir zu spielen … mit Dir will ich nichts mehr zu tun haben. Florian"
2. „Ich habe ja jetzt lange überlegt, aber ich kann nicht nach-vollziehen, was Du da machst. Wir sollten uns nicht mehr wie-dersehen! Gruß Carlos"
…. Und dann klingelte wieder das Telefon, doch dieses Mal ist es Tony, mein Exliebhaber aus England: "Hallo, Tony hier … warum kommst du nicht einfach wieder zu mir nach England. I love you so much!"

Das ist zu viel für mich und in mir reift die Erkenntnis, dass meine Suche nach einem geeigneten Heiratskandidaten an dieser Stelle enden wird. Ich werde mich wieder darauf besin-nen Spaß zu haben und zu warten, bis mich Amors Pfeil trifft und ich Herzrasen habe und vor lauter Sehnsucht und Aufre-gung nicht einschlafen kann.

Ende

Loslassen

Ab wann hat man Stärke bewiesen, Kampfgeist gezeigt und genügend Willen aufgebracht, um das Segel in den richtigen Wind zu halten? Wann sollte man den Verstand einschalten und sich fragen, ob man mit aller Gewalt etwas durchsetzen will, das eigentlich wunderschön wäre, aber vielleicht vom Schicksal nicht gewollt ist und es für zwei Persönlichkeiten besser wäre sich nicht aneinander aufzureiben, weil der Strang, an dem man ziehen will, unweigerlich zerreißen wird. Wäre es nicht besser als Freunde durchs Leben zu gehen, wenn die eigenen Normen nicht erfüllt werden können, wenn man dadurch an Stärke gewinnt und der verlorene Spaß zurückkehrt, weil man keinen Erwartungen mehr entsprechen muss, die offensichtlich nicht erfüllt werden können? Ist Liebe ein krampfhaftes Festhalten oder kann Liebe auch das Loslassen sein, wenn Toleranz und Akzeptanz, Ideale und Tatsachen, Wunschvorstellungen und Realität nicht in eine Schachtel passen wollen. Kann Liebe nicht einfach auch nur „Erkenntnis des eigenen Ichs" bedeuten, auch wenn diese nicht in die gewünschte Richtung geht?

Loszulassen ist ein Prozess, ist schwer und tut vor allem auch weh. Selbst wenn es dann nach vielen Gesprächen und erfolglosen Versuchen soweit ist, stellt sich das Gefühl des wieder atmen Könnens doch nur sehr langsam ein. Freiheit, die nicht begeistert und aufmuntert. Freiheit, die auch ein wenig bedrückt, Ängste schürt, Einsamkeit nährt, neue Fragen aufwirft und verletzt, wenn der Ex sein erstes Date hat.

Ein Zustand, der die Selbstreflextion der vergangenen Monate wieder in Frage stellt. Ein Zustand, so normal wie außergewöhnlich. Ein Zustand, der dazugehört wie das schmerzhafte Auswaschen von blutenden Wunden. „Schön, wenn der Schmerz

nachlässt" und die Normalität wieder die Oberhand gewinnt und das Lächeln Teil des eigenen Ausdrucks wird. Schön, wenn man sich wieder ohne Tränenschleier in die Augen sehen kann. Schön, wenn Lebenslügen das Tageslicht erblicken und sie selbst sein dürfen. Schön, wenn der Morgen danach den Sonnenaufgang zu einem neuen Lebensabschnitt bereithält und die friedliche Stimmung Teil Deiner selbst wird.

Loslassen bedeutet auch ein Ja zu Dir, auch wenn das Nein zu uns im Vordergrund steht.

Loslassen ist auch die Kunst, die Konsequenz der Selbstreflextion zu ertragen, zu leben und sie als Teil der eigenen Charakteristika zu akzeptieren – und wenn Du mich halten willst, dann lass mich erst mal los!

Aufwachen

... und wenn ich aufwache, dann ist es wieder vorhanden
das Lächeln in meinen Gedanken
die Wärme in meinem Körper
... und ich weiß, du wirst bald landen
manchmal ist es ein komisches Gefühl
der Aufruhr im Bauch
der Sturm im Hirn
dein Lachen im Lebensgewühl
doch es ist schön - und tut so gut
deine Stimme zu hören
dein Lachen zu spüren
manchmal wie ein schützender Hut
und endlich kann ich dich wieder halten
dich wieder sehen
dich wieder riechen
will mit dir schalten und walten
ich freue mich darauf dich wieder zu spüren
zu sehen wie kleine Schweißperlen über den Rücken
rinnen und wie ich mit meiner Puste deine Härchen
aufrichte doch das Schönste ist:
dich wieder zu berühren
ich bin neugierig auf dich
will wissen, was da alles in dir schlummert
möchte dich entdecken
will dir zeigen mein Ich
wir werden sehen, was wird sein
aber irgendwie glaube ich an uns
vertraue ich dir
fühle mich einfach nur gut ...
und will, dass ein Teil von mir ist dein.

Headlines III

noch bin ich online - also beeile dich mit dem Antickern :-)
ohne Facepic keine Antwort ...

heute ist nicht alle Tage - ich komm wieder keine Frage

der Tag muss ganz klar mehr als 24h haben...

Alles kann, nix muss ;-)

ECHTE XXL HENGSTE GESUCHT ...

Warum sind denn alle nur so schreibfaul...???? -Tapsen wären
auch ein Anfang

asphyx breathplay bagging latex rubber

Bin auf der Suche nach ...

??

Sensationell ...
http://www.youtube.com/watch?v=nBnlncbcuh0

HEUTE oder die Tage: Suche Sex mit geilen Typen in Frankfurt - 2er, 3er, 4er oder mehr (;-)

HAIRY - HAARIG, POPPEN ?

Netter haariger Typ sucht gleiches

Alles wird gut :-)

nette Leute kennen lernen und dann vielleicht auch mehr,
wer weiß ...

**Mensch ... das Schaaf hat recht! " We all sending out a
Love Message to the world"**

nette/geile Begegnung FFM

Wer was wissen will muss fragen !!!!!!!

L oder XL... - alles Ansichtssache.-) !!!!!!!!!! Laber mich an ! Und wenn Du Dich schon nicht traust mal ne Message zu schicken, es gibt ja auch noch TAPS.-)))))

.. Heute: --> #hier# ... inside..

heiße Kiste sucht heiße Hengste

EIN PFERD SOLL MAN NICHT VON HINTEN AUFZÄUMEN ... EINEN MANN SCHON ...

Zahllos wie der Sand des Meeres sind die menschlichen Leidenschaften!!!

Kerl zum Verlieben gesucht

Headline? um das Interesse anderer User zu wecken? wer liest denn so was?

klein//frech//sexy//süß//herzlich//einfach

nice..BIBABUMSEBIENE IN DA HOUSE!!!

Bin ONLINE!!! :-))

Rot ist die Lieb , schwarz ist das Loch , Junge sei tapfer , rein muss er doch

schreib mir mal was.

HILFE ICH BIN EIN ENGEL UND MANCHMAL EIN BENGEL HILF MIR NICHT AUS DEM HIMMEL ZU FALLEN ... BIN OFF HINTERLASSE NE MESSAGE UND FREITAGS SIEHT MAN SICH IN DER HEX

Ja hallo ich bin der Tobi und würde mich freuen von euch messages zubekommen. Lg tobi

meine kleine feine offline Headline

gut is nur wenn er drin ist ;-)

Vielleicht später wieder ...

Na wer hat's erfunden :) ?

Aktiver dominanter Kerl gesucht, Fuck jetzt.

WAS ICH HIER WILL? FIND'S HERAUS!

Nichts ist, wie es scheint

Sensitivity and humour. That kills me!

jung, sexy, frech und ...

Wer will mich mustern oder wer will ausdauernd geblasen werden? Zuschauer zugelassen!

Schwul wird man nicht geboren,
man muss es sich hart erarbeiten!

Nur durch Geist, Witz und Niveau zu beeindrucken ... - Intelligenz ist einfach sexy !

DOGGIES ... EINFACH EINE NACHRICHT HINTERLASSEN (19.-20.12. HAMBURG)

I don't care how much money I got to spend, got to get back to my baby again.

ausgerechnet jetzt bin ich nicht da :-(

"reden bringt Ehre, aber reden bringt auch Schande, und der Mensch kommt durch seine eigene Zunge zu Fall"

Schaun wir mal, was sich hier ergibt ...

Servus, Grüzi und Hallo !

... Computer says nooooo ...

Alles kann - nichts muss! Meinen Traumtyp habe ich noch nicht ganz gefunden ;-) Bis dahin vertreibe ich mir die Zeit gerne mit großen und kleinen Abenteuern ;-)

bin für Spaß zu haben Pics vorhanden

Man sagt Alkohol sei ein schleichendes Gift.
Na und? - Wer hat's denn eilig?

Suchen geilen Sex

–ich bin wie ich bin–

Freundschaft , Sex und Event. Mehr

LOOKING FOR HOT SESSIONS

"Youth is a wonderful thing. What a crime to waste it on chil-
dren." George Bernard Shaw

vom 08. bis 18.12. auf Gran Canaria (dort selten online)

Hallo zusammen ...

A good friend will keep you from doing stupid things ... alone;)

Nette Kerle gesucht

Brat mir einer einen Storch ... Du hier? Nicht in Hollywood?
:o) Klick mich an, ich freue mich auf (fast) jeden!

BIN MAL GESPANNT WER SICH HIER SO MELDET

immer vorwärts ...

ϙϙϙϙϙϙϙϙϙϙϙϙϙϙϙϙϙϙϙϙϙϙϙϙϙϙϙϙϙϙϙϙϙqq

Mein Name ist Bond, James Bond!

"ich bin so schlecht im Bett, das musst Du mal erlebt haben!"

take off your clothes ... we have to speak ;-)

I'm not here for your entertainment!

Herbst

Von Tag zu Tag weicht der goldene Schein der Sonne einem verregneten Grau. Die Unbeschwertheit zog mit den Störchen Richtung Süden und die Nachdenklichkeit kam mit den Krähen des hohen Nordens angeflogen. Herbststürme wabern durchs Gehirn. Sie wühlen auf, wirbeln durcheinander, haben etwas Reinigendes an sich, gleichwohl die zerstörerische Kraft an den Elementen rüttelt und sie mehr und mehr aus der Verankerung reißt. Das Gefühl einst gut platzierte Elemente und Gedanken nicht halten zu können wird mit jedem Windstoß stärker. Ich muss aufräumen, bevor er zum Orkan wird und nichts mehr übrig bleibt. Es gilt das Wichtigste, Teuerste und Erhaltungswürdigste in Sicherheit zu bringen. Aber mir fehlt die Garage und mein innerlicher Abstellraum ist voller Gerümpel, Anekdoten, Wünsche und ein wenig Hass. Ich finde kein Seil mich selbst anzubinden und habe nicht die Energie dem Wind standzuhalten. Ich suche nach der helfenden Hand, die mich ins Trockene bringt, die Tür hinter mir schließt und mich in Sicherheit wiegt. Doch schaue ich in den Sturm, sehe ich Hände, zahllose sogar. Ich habe versucht sie zu greifen, doch sie waren nass und entglitten mir.

Nun stehe ich da und die Kälte und das immer wiederkehrende Zittern nehmen zu. Manchmal habe ich Angst. Angst vor dem grauen Regen, Angst vor der Kälte – doch der Sturm fegt selbst dieses Gefühl hinweg und hinterlässt eine Leere. Eine Leere, die so langsam einen Sog entwickelt, dem ich mich immer weniger entziehen kann. Wie ein schwarzes Loch reißt die Antimaterie die Materie in einen Strudel und vernichtet sie. Was dahinter kommt, weiß niemand – weiß auch ich nicht ... gibt es einen Platz in der Leere?

Ende

Sebastian?

Es ist schon ein sehr merkwürdiges Gefühl eine Mail zu öffnen, deren Inhalt nicht nur ein trauriges Ereignis verkündet, sondern ganz lapidar und nüchtern feststellt „Sebastian hatte wohl schwere Depressionen und wollte nicht mehr leben".

Ein kleiner Satz, fast so nebensächlich wie die ganze Mail im großen Durcheinander unser aller Leben. Trotzdem wirft er Fragen auf, die vermutlich immer unbeantwortet bleiben werden. Fragen, die einhergehen mit Bildern von früher. Sebastian wie er „der Mond ist aufgegangen" singt oder Sebastian, der unter dem Tod seiner Tante leidet und heulend aus dem Musikunterricht rennt, Sebastian immer mit roten Flecken im Gesicht – sind Bilder, die mir immer wieder durch den Kopf gehen. Gleichzeitig gesellen sich Fragen hinzu. Fragen nach seinem Leben, Fragen nach dem Warum? Was ist dran an diversen Gerüchten? Hat man ihm das Leben zur Hölle gemacht, weil er schwul war? Die Gerüchte sagen „ja". Er selbst hat nichts gesagt, auch auf Nachfrage. Meine Kontaktaufnahme blieb bis auf wenige nichtssagende Sätze erfolglos – Besuch wollte er nicht. Somit stellt sich auch nicht die Frage, ob man bzw. ich etwas hätte tun können. Aber vielleicht hätte man doch können – damals als seine Mutter ihn in die Psychiatrie einweisen wollte, weil er schwul war.

Wo waren da die Menschen, die ein Leben lang mit ihm zusammen waren? Sebastian ist aus unserem Dorf geflohen und wollte mit niemandem mehr etwas zu tun haben. Welch Zynismus, dass die Beerdigung jetzt in diesem Kaff stattfindet. Wie wird es sein? Gerüchte und Geflüster am offenen Grab – Fragen werden unbeantwortet bleiben. Hände waschen sich in Unschuld. Wie immer in solchen Fällen und ganz besonders: wie immer in unserem Dorf.

... und selbstverständlich wird es katholisch sein – sehr katholisch sogar.

Depressionen sind Krankheiten, die oft mit äußeren Umständen zu tun haben und durch äußere Umstände wieder geheilt werden können. Allerdings nur mit sehr viel Zeit – oftmals jahrelang und mit sehr viel Liebe - manchmal aber auch nie. Dazwischen ist alles grau, ja fast schwarz und es gibt nicht wirklich etwas, das einen aufwecken kann, das Wärme spendet und ein Lachen in die Seele zaubert. Tränen und Angst bestimmen den Alltag. Einen Alltag, der irgendwann nicht mehr zu meistern ist. Wehe, es passiert etwas Unvorhergesehenes, das einen zusätzlich aus der Bahn wirft. Ich bin froh, dass ich meine Depressionen überstanden habe. Nichts noch Schlimmeres passierte in diesem dunklen und schwarzen Jahr, das mein Leben auf den Kopf gestellt hat und aus mir einen anderen werden ließ. Ich hatte keine Familie an meiner Seite, aber Freunde, die waren da und haben geholfen. Und wieder die Frage: Was ist wirklich geschehen, warum konnte niemand Sebastian helfen?

Es sind Gedanken, die durch meinen Kopf geistern und mich nur schwer zur Ruhe kommen lassen. Sebastian ist weit weg und war nie wirklich in meinem Leben – trotzdem haben wir viele Jahre zusammen verbracht. Jahre, die unbeschwert gewesen sind und nachhaltig dafür sorgten, dass wir weder Namen noch Gesichter vergessen. Trotzdem sind die Gesichter heute fremd. Sein Tod berührt mich dennoch. Denk ich an unser Dorf, machen sich nur Wut und Verzweiflung breit und ich will nicht, dass Sebastian in Vergessenheit gerät. Begraben unter Schweigen und Gerüchten. Sebastian ist mit uns nie um die Häuser gezogen und war weder bei Trinkgelagen dabei noch baggerte er in Discotheken mit uns um der Mädels Gunst um die Wette. Er war weder cool noch super mutig und für die meisten von uns bis zum Schulende immer ein wenig fremd. Können wir jetzt ermessen, wie viel Mut es kostet seinem eigenen Leben ein Ende zu machen? Ich glaube nicht. Ist es feige, einfach abzuhauen, wenn man keinen Platz in dieser Welt hat oder ihn nicht sieht?

Ein Urteil zu fällen ist schwierig und weder gerecht noch angebracht. War dieser Schritt richtig? Ich finde nicht. Trotzdem hat Sebastian meinen Respekt verdient und ich wünsche mir sehr, dass es anders gekommen wäre. Aber es ist nicht anders gekommen, niemand ist gekommen – nein - einer von uns ist gegangen. Meiner Überzeugung nach nicht auf ewig, aber trotzdem für immer. Und mit ihm sind all die Antworten verschwunden, deren Fragen nie gestellt wurden – weshalb auch immer. Dürfen die Fragen jetzt gestellt werden? Wird es Antworten geben?

Sebastian, ich hoffe Du findest, was Du suchst.

Ende

Wut

Wut

Du hast mir mein Leben genommen

Du hast unsere Zukunft zerstört

Du hast unseren Traum niedergetrampelt

Du hast nicht einmal ein schlechtes Gewissen

Du sagst du vermisst mich – manchmal

Du rufst mich nicht mal an ...

Du hast aus unserem „wir" wieder ein „ich" gemacht

Ich spüre nur noch Wut

Wir haben alles verloren,
was uns einmal viel bedeutet hat ...

Da ist sie wieder:
Wut – diese grenzenlose Wut ...

Partnertest

„Beim nächsten Mann wird alles anders!" – Wie oft haben wir alle diesen Satz gesagt, nur um bei der nächsten Möglichkeit wieder knietief in der Scheiße zu stecken. „Was mache ich nur falsch?", fragen wir die leidgeprüfte Umwelt zum hundertsten Mal.

Was läuft bei der Partnersuche nur falsch? Ticken wir nicht ganz richtig oder suchen wir uns immer wieder ganz bewusst den größtmöglichen Supergau, damit es uns nach einer gewissen Zeit endlich mal wieder so richtig schlecht geht? Bekanntlich funktionieren wir ja alle nach einem Muster, dessen Entschlüsselung nur die wenigsten schaffen. Eine psychologische Herausforderung, die dieser Artikel nicht aufgreifen möchte. Allerdings wollen wir Euch ein paar Tipps geben, die helfen sollen, herannahende Katastrophen zu verhindern oder wenigstens den Blick für wesentliche Details zu schärfen, denn wer mit dem Liebsten ein Leben teilen will und dabei auch noch Spaß haben möchte, sollte schon im Vorfeld den einen oder anderen Reibungspunkt eliminieren oder zumindest gewarnt sein.

Die Wohnungseinrichtung

Über wohnlichen Geschmack lässt sich streiten. Damit es erst gar nicht soweit kommt, sollte Dein prüfender Blick in der ersten Nacht durch die Wohnung des Angehimmelten wandern. Steht da eine Eichenschrankwand, die zum belächelten Blickfang Eurer gemeinsamen Wohnung werden wird? Oder hat Dein Schwarm selbst gezimmerte Holztruhen, deren urinsteinfarbene Oberfläche mit Deinem indischen Teppich um die Wette strahlen wird? Teilst Du das Bett mit nem Mann, Miez, Mops und diversen Milben? Wird die teure Muranoglassammlung Dein Herz erfreuen oder denkst Du sofort an das viele Staubwischen? Frage Dich bei allem, was Du siehst, ob Du „das" wirklich in Eurer gemeinsamen Wohnung haben möchtest. Lautet die Antwort „nein", solltest Du ausloten, wie wichtig ihm diese Dinge sind. Wenn sie ihm ans Herz gewachsen sind, frage Dich, ob der tägliche Augenterror nicht doch eines Tages Eure Beziehung belasten wird. Und wer Muranoglas nicht leiden kann, sollte sich mit dem besten Freund absprechen, dass dieser am Umzugstag die Kiste versehentlich fallen lässt.

Die Schmutztoleranz

Wo Du Dich ja ohnehin gerade durch die fremde Wohnung schläfst, kannst Du auch mal einen Blick ins Spülbecken oder ins Bad werfen? Eine ähnlich gelagerte Schmutztoleranz zu haben, gefährdet nämlich nicht den dauerhaften Frieden im gemeinsamen Heim. Es ist nicht jedermanns Sache, wenn permanent abgetrennte Schamhaare am verölten Badewannenrand kleben. Stehpinkler und Dreckwäscheverteiler sind auch nicht jedermanns Ding. Und kannst Du damit leben, dass die Edelstahlspüle unter verkrusteten Kaffeesatzresten und dem fettigen Geschirr der letzten drei Wochen versteckt ist? Man putzt ja schon mal aus Liebe den ganzen Dreck weg, um wenigstens ein Wochenende entspannt in der Küche sitzen zu können. Aber magst Du für den Rest Eures gemeinsamen Lebens die Wohnung putzen, während dein Alter sich auf der Designercouch die Zehennägel schneidet?

Die Lebensmittel

Nicht jeder von uns ist ein Gourmet und die meisten von uns können auch ohne Kaviar und Champagner den Tag überstehen. Aber hast Du schon mal drei Jahre lang nur Leberwurst, Billigkäse und Aldi-Salami gefressen? Geh mit Deinem neuen Kerl einkaufen und überlass ihm die Auswahl. Schau, was er in den Einkaufswagen schaufelt. Liebt er abgepackte Lebensmittel mit unendlichem Haltbarkeitsdatum oder versucht er für Euch beide nicht enden wollende Geschmackserlebnisse an der Frischetheke zu ergattern? Ein Mann mit Sinn fürs Essen ist nicht nur erotisch, sondern kann vermutlich auch kochen. Damit hast Du zwei Fliegen mit einer Klappe geschlagen, nicht dass Dein Liebesleben am Ende einer abgepackten Leberwurst gleicht, die schon nach kurzer Zeit schlecht riecht – weil das Haltbarkeitsdatum abgelaufen ist.

Der Fernseher

Wer kennt sie nicht? Die Junggesellenbuden mit einem Doppelbett und der neuesten 1,80 Meter-Superflachbildglotze. Ein Traum, um Pornos zu gucken. Aber ist Dir schon aufgefallen, dass die Kiste immer an ist, sogar wenn Du aufwachst? Ach so, Dein Stecher ist ein Nachrichtenjunkie und muss deshalb immer gucken. Und Dir macht es auch nichts aus, dass Du den ganzen Tag gekocht hast und jetzt, beim Essen, sein Blick schon wieder an der Flimmerkiste klebt? Du findest, dass Dein Freund Dir immer zuhört, obwohl er mitten im Satz schallend lacht und Dich fragt, ob Du gehört hast, was die Tante von RTL gesagt hat? Ach, und Dir macht es Spaß angeschnauzt zu werden, weil Du wieder im Bild stehst? Wenn Du alle Fragen mit „ja" beantworten kannst, dann hast Du den richtigen Partner gefunden. Alle anderen sollten sich fragen, über was sie mit einem kommunikationsgestörten Mann in fünf Jahren plaudern werden und vor allem wann!

Die Charaktereigenschaften

Du wachst auf, blinzelst dem neuen Tag entgegen und sagst freudig erregt: „Schatz, lass uns aufstehen, draußen scheint die Sonne." Qualvoll öffnet er ein Auge, starrt Dich an und entgegnet mit gepresster Stimme: „Das bleibt bestimmt nicht so." Beim Frühstück willst Du ihn mit Flugtickets überraschen, die Du ab 12 Uhr im Internet buchen kannst. Mit einem „bekommst sowieso keine, das ist immer so" honoriert er Deine Bemühungen und kaut weiter. Und als Du ihm vorschlägst, abends mal wieder gemeinsam essen zu gehen, ist er sicher, dass Ihr sowieso keinen Tisch bekommt und Du besser selbst kochst. Manchmal empfiehlt es sich auf sein Horoskop zu hören, bevor man Bett und Tisch teilen will. Ein freiheitsliebender Schütze wird mit einem pessimistischen Küchenheimchen Marke Steinbock nur für begrenzte Zeit Spaß haben und geiler Sex gleicht nur selten einen fragwürdigen Charakter aus.

Die Vergangenheit

Weißt Du eigentlich, weshalb Dein neuer Lover laufend verlassen wurde und hast Du Dir Gedanken darüber gemacht, warum er mit 52 noch nie eine Beziehung hatte? Du wunderst Dich, warum er keine Freunde hat und andere kichernd mit dem Finger auf Euch zeigen? Kommt es Dir komisch vor, dass sein Ex kein Wort mehr mit ihm redet? Du solltest Dich nicht nur wundern, sondern die Lauscher weit aufsperren. Hake nach und lass Dir erklären, was alles schiefgelaufen ist. Gib ihm immer eine Chance. Fass Dir aber ein Herz und schick ihn in die Wüste, wenn Du auf Deinem Computer sein Sexprofil entdeckst und feststellst, dass seine Geschäftsessen Pullerlutschdates sind. Vermeide unangenehme Überraschungen, indem die Vergangenheit rechtzeitig Teil Eurer Zukunft wird und glaube ja nicht, dass sich mit Dir alles ändert. Nimm Dir die Chance rechtzeitig entscheiden zu können, was in eurer Beziehung Platz hat und was nicht.

Der Umgangston

Du solltest beim ersten Date unbedingt darauf achten, wie er die Bedienung behandelt. In spätestens sechs Monaten wird er mit Dir auch so umspringen. Frisch verliebt wird sich der Neue produzieren, was das Zeug hält. Da tauchen Manieren auf, von denen Du nicht wusstest, dass es sie gibt. Die Autotür wird aufgehalten, galant wird Dir das Mäntelchen gereicht und der Kaffee wird täglich ans Bett gebracht, noch bevor Du die Augen offen hast. Doch der Tag wird kommen, an dem Du morgens die Augen aufschlägst und der Göttergatte unter der Bettdecke pupsend grummelt: „Mach mal Kaffee!" und Dein bittender „Reich-mir-die-Jacke-Blick" wird mit einem „Zieh Dich selber an" quittiert. Wenn also die freundliche Bedienung nach der Bestellung fragt und Dein Süßer mit einem „Schnitzel mit Pommes; und wenn´s geht schnell" die Laune des Personals ruiniert, dann frage Dich wie sein Tonfall sein könnte, wenn die ganze Süßholzraspelei ihr Ende gefunden hat und Du von der Arbeit nach Hause kommst und er wissen will, ob das Essen fertig ist.

Die Abhängigkeiten

Beim ersten Date lässt sich sicherlich noch nicht feststellen, welchen Zwängen das attraktive Stück Dir gegenüber unterworfen ist, doch nach einigen Abenden sollte Dir schon auffallen, ob er Alkoholiker, Drogen- oder Internetabhängig ist. Braucht er vor dem Schlafengehen immer einen Joint und bekommt er ohne Poppers nie einen hoch? Trenne doch einfach die Internetverbindung und schütte sein Gras ins Klo. Es könnte sein, dass er dann die ganze Nacht in Panik vor dem PC verbringt oder er rennt zur nächsten Trinkhalle. Vielleicht wälzt er sich auch schlaflos neben Dir und der Versuch den fehlenden Joint mit erfülltem Sex zu kompensieren, scheitert aber, weil das nüchterne Ding nicht stehen will. Faktoren, die auf ein Suchtproblem hinweisen. Sei Dir darüber im Klaren, was es bedeutet einen Abhängigen im Hause zu haben. Willst Du Deine Energie in die gemeinsame Beziehung stecken oder einen erfolglosen Kampf gegen seine Probleme führen?

Die besten Freunde

„Zeig mir Deine Freunde und ich sage Dir, wer Du bist" – ein altes und weises Sprichwort. Versuche so schnell wie möglich seine Freunde kennen zu lernen, denn die geben ein gutes Bild dessen, was Dich künftig erwarten wird. Nichts ist schlimmer als ständig allein dazustehen, während sich Dein Mann mit fragwürdigen Individuen amüsiert. Hinzu kommen leidige Diskussionen darüber, weshalb Du seine Kumpels nicht magst, die selbstverständlich nur mit Zoff enden werden. Schon mal Bauchschmerzen gehabt, weil Besuch ins Haus steht und Du weißt, dass die drogenabhängigen Kumpane wieder mal Deinen teuren Weinvorrat mit Cola gestreckt vernichten werden? Gleichermaßen misstrauisch solltest Du auch werden, wenn sich rausstellt, dass Dein Neuer gar keine Freunde hat. Das lässt ganz bestimmt auf soziale Inkompetenz schließen, die mit Ficken nicht wett zu machen ist und nach einer Psychotherapie schreit.

Der Sex

Da sind wir nun beim Number-One-Kriterium der Stein- und Neuzeit. Wenn der Sex wirklich so wichtig für eine funktionierende Beziehung ist, dann solltest Du die Finger vom Kerl lassen, wenn der Fick nichts weiter als Kreuzschmerzen brachte. Jaja, er hat einen tollen Charakter und sieht super aus, aber sein Schwanz ist Dir viel zu groß und er kommt schon, bevor Du Dich ausgezogen hast. Finger weg oder macht gleich auf offene Beziehung. Genauso kann sich der Sado-Maso-Anhänger die Mühe sparen, wenn sein Andreaskreuz zurück an die Bahnschranken geschleppt wird. Sex sollte Spaß machen und auf einem annähernd gemeinsamen Level sattfinden. Nachlassen wird er früh genug, deshalb sollte die mehr oder weniger lange Zeit, die bis dahin bleibt, genutzt werden, um Spaß zu haben. Außerdem hilft die gemeinsam gelebte Intimität Vertrauen und damit eine Basis zu schaffen, auf der wichtige Beziehungsfragen reifen können.

Fazit

Es gibt viele wissenschaftliche Untersuchungen darüber, wer für wen der richtige Partner ist. Zahlreiche TV-Sendungen beschäftigen sich mit der Partnersuche und jedermann stellt sich die Frage, was zu tun ist, um das langersehnte Glück zu finden. Auch dieser Artikel verrät kein Geheimrezept. Aber es gibt einen Tipp, den viele glückliche Paare bestätigen: „Sucht Euch jemanden, der Euch ansatzweise ähnlich ist!" Wer seine Energie in Diskussionen und Streitereien um den Alltag stecken muss, wird nicht nur ganz schnell die Lust verlieren, sondern auch den Partner. Warum soll man sich die Nerven im Streit über Leberwurst oder ein Möbelstück ruinieren, wenn man seine Energie für einen tollen Tag nutzen kann, der Spaß bringt, Liebe lebt, Zuversicht erlaubt und gemeinsame Pläne gedeihen lässt?

Drum prüfe, wer sich ewig bindet!

Ende

Headlines IIII

Haben wir uns schon wieder verpasst? Schade!

moin, mail mich bei Interesse einfach an!

Wir sind Gaylangweilt...gäyhnromeo ...;-)

Looking to make new friends, have some sex, and ...

DER BLICK IST ES, WAS EINEN MENSCHEN FÜR MICH INTERESSANT MACHT - NICHT DER SCHWANZ. DAS LÄCHELN UND DIE OFFENHEIT

nicht die Liste langer Spielmöglichkeiten. Markante und Querdenker sind mir einfach lieber.

sind people kompatibel, sind es kompatible people

3er, 4er ....

Nette Typen hier?

Schauen, klicken, schreiben!

So, mal ne´n Blick riskiert ??? Noch Lust auf s.. !!! ´fg

SEX, FREUNDSCHAFT, BEZIEHUNG?? ...ALLES IST MÖGLICH....

Offline - siehste doch!

Bube mit Herz legt Dame aufs Kreuz ...

Lust auf ein highlight?

Alles ist Spaß auf Erden, wir alle sind geborene Narren ...

We love to entertain you ...

NETTE JUNGS MELDET EUCH !!!

WENN JEDER AN SICH SELBST DENKT, IST AUCH AN ALLE GEDACHT!

Oberschicht an Dorfgemeinde, da vorne geht dein Bus in Richtung "Halt's Maul" ich steh auf das worauf du stehst ... der Rest ist ja im Steckbrief zu sehen willst du mehr wissen so kontaktier mich

Spielkamerad zum spielen gesucht

KEINE NUMMER UNTER DIESEM ANSCHLUSS

Mal sehen was heute noch so passiert ...!!!!

Suche einen normalen aktiven Typen mit Heterooptik.

Ich bin der gehorsame Sklave meines Herrn und Meisters Sir Stefan. Ich bin Sir Stefan hörig und liebe es, alle seine Anweisungen und Befehle zu seiner vollkommenen Zufriedenheit auszuführen.

Dieser Anschluss ist momentan nicht besetzt. Bitte hinterlassen Sie eine Nachricht, ich melde mich umgehend ...

Am liebsten naggisch und spritzig

NO, IS JUST A WORD, THAT PEOPLE SAY WHEN THEY´RE AFRAID. AND WHEN YOU SAY NO TO ME, THEN I WILL FIGHT YOU ´TILL I´M FREE. JUST SAY YES TO FREEDOM, BROTHERHOOD & JUSTICE.

HYPERLINK "http://www.gaydar.co.uk/..trouble" http://www.gaydar.co.uk/..trouble

weder unkompliziert noch gewöhnlich ;o)

Naporno brate ovo...

Ich suche coole BARE-FICKER !

auf der Suche nach dem Richtigen, kannst du ne Menge Spass mit den Falschen haben ...

absolut das leben

Taille moi hanches á la hache J'ai trop mangé de choolat chaud

... get a girlfriend!

bottom looking for a top

Unerfahrener Kerl braucht klatschende Eier an den Arschbacken. Ich wohne bei der alten Oper. Kein Bild = Kein Kontakt

HYPERLINK "http://www.my-vior.com" www.my-vior.com ...

Erst wenn man etwas verloren hat, weiß man es zu schätzen, allerdings ist es dann zu spät. Was ein Glück das ich nie verliere ;-)

bist du heute bissig? ... die Angel steht schon ;-)))

..ich sag einfach hello again

Wenn du wissen willst wer DU bist dann schau in den Spiegel und höre was ein Herz dir sagt, wenn du wissen willst wer ICH bin dann musst du wissen wer DU bist!!!

NOONE AT HOME - LEAVE A MESSAGE AFTER THE BEEEEEP!

... Love 4 fun!!!

Wenn man nicht aufpasst, lernt man jeden Tag noch was Neues dazu...

Hast Du Lust, ich bin bereit ...

EROTAS kai agries IDONES pou moudiazoun to mialo.

ein Date ist immer drinn

Horny when Online ;-) In Moscow Nov27

it's got to be worth it :::::::::::::-)))

Unter 1000 Euro pro Tag stehe ICH morgens nicht auf -- A little bit of arrogance *smile* !!! *Fußtapsen & Gästebucheintrag haben will*

Bin ein kleines quirliges Kerlchen mit Humor. Lerne nette neue Leute kennen bzw. Bären(chen) für auf nen Kaffe oder Bierchen u

Life´s a dick ... when it gets hard ... you fuck it!

Suche FUN! :-)

Araber in Wien sucht geiles Date

KOMM WIR WAGEN UNS IN DIE LÖWE DER HÜNDEN

junges knackiges Gemüse für 3-Gang-Menü gesucht

"ich fürchte mich nicht vor dem Morgen, ich kenne bereits das Gestern und ich mag das Heute" (William Allen White)

Analverkehr Analverkehr

Wer kuschelt gerne ? Dreier M+M+W sind möglich ;-)

Sneakers, Gummistiefel, Waders & Rubber

Looking for friends in Germany

NA MAL SCHAUEN, WER ODER WAS HIER WIEDER LOS IST ...*FG*

Suche Freunde, Chatpartner ...

Hast du eine Herzenswunde, so berühre sie so wenig wie ein krankes Auge. Gegen Schmerzen der Seele gibt es nur zwei Arzneimittel: Hoffnung und Geduld.

Ich stelle keine Ansprüche an dich ! Außer vielleicht ...;-)

devot und willig ...!

suche geile Dates...spontan und mit action...FFM-Nied /FFM City

FFM groß-cut-schlank- sportlich

Wer versohlt mir den Hintern?

Ende

Schlechte Stimmung

Es war zur so genannten Love week, als ich nach einem langen Arbeitstag endlich raus unter normale Menschen kam. Zusammen mit meinem Mann sah ich einem netten Partyabend entgegen als wir uns in Richtung Geburtstagsclub aufmachten. Die Straßen rund um den Volkspark Friedrichshain waren voll mit Partyleuten, ein Geschiebe und Gedränge und das, obwohl es schon kurz vor 3 Uhr nachts war. An der Bushaltestelle vor dem Geburtstagsclub lungerten ein paar besoffene Glatzen rum, die mit lautem Gegröle nach mehr Spaß riefen und im Zuge dessen kurzerhand die Scheiben der Haltestelle zertrümmerten. Vor dem Club versammelten sich aufgebrachte Stammgäste, die am Schimpfen waren: „Ey, voll Scheiße hier drin ... diese dämlichen Touristen...", hörte ich sie sagen. „Das kann ja lustig werden", dachte ich so bei mir als wir hinunter in die heiligen Hallen stiegen. Doch so schlimm war es gar nicht. Die Musik war richtig klasse und das Gedränge hielt sich Gott sei Dank in Grenzen. Auf den ersten Blick, so schien es zumindest, hatten die Leute auf der Tanzfläche richtig Spaß und waren am Feiern.

Der zweite Blick trübte das fröhliche Bild ein wenig. Jungs wie Mädels waren zum größten Teil so breit und zugedröhnt, dass sie weder gerade stehen konnten noch in der Lage waren, sich auch nur halbwegs normal zu artikulieren. Nur die mit Pillen gefüllten Hände trafen den nach Luft schnappenden Mund zielstrebig und genau. Doch das ist man ja gewohnt und so schoben wir uns durch die Menge, auf der Suche nach unseren Leuten. Es dauerte nicht lange, bis wir sie gefunden hatten, auch wenn wir sie fast nicht wieder erkannten. Markus starrte uns mit großen Eulenaugen an und hatte uns sofort wahnsinnig lieb. Stefanie rannte mit einer guten Freundin an uns vorbei. Sie waren auf dem Weg nach draußen, weil die gute Freundin kotzen musste. Claudia hing kommunikationsunfähig in den Armen von Markus und lächelte geistesabwesend vor sich hin. Sie hatte sich die Kante gegeben, um ihre zu Ende gegangene Beziehung zu verdauen. „Na toll", sagte ich und bahnte mir einen Weg auf die Tanzfläche. Mit unseren Leuten war so gar nichts anzufangen, weshalb ich lieber tanzen gehen wollte. Danach stand mir ohnehin mehr der Sinn. Es dauerte ein wenig, bis ich endlich einen Platz hatte, an dem ich meinen geschwächten Körper schütteln und wackeln lassen konnte. Gerade als ich mal wieder Anlauf zum doppelten Rittberger nahm, sah ich am Rand der Tanzfläche ein Mädel sitzen, deren nackten Brüste der tanzenden Menge entgegenwippten. Ihr T-Shirt hing unterm Kinn und so richtig frisch sah die Alte wahrlich nicht mehr aus. Neben ihr saß ein Typ, nicht weniger frisch, der kräftig an ihr rumschraubte und genüsslich an ihren Brustwarzen knabberte. Angewidert drehte ich mich um und tanzte weiter. „Horror – nun muss ich auch noch Heten bei ihren Sexspielchen zuschauen ..."

Nach einiger Zeit fiel mein Blick leider wieder auf das seltsame Paar. Zwischenzeitlich stützte sich das Mädel mit ihren langen Beinen, die zum X gekrümmt waren, mehr recht als schlecht ab, damit sie nicht von der Bank rutschte. Die andere Hand wanderte immer wieder unter das Kinn, wo noch immer das T-Shirt festsaß. Schon fast reflexartig versuchte sie es über ihre Brüste zu ziehen. Doch immer dann, wenn sie es endlich geschafft hatte, schob es ihr Begleiter wieder hoch, um genüsslich an ihren Nippeln zu saugen. „Also so druff müsste ich ja mal sein", schoss es mir durch den Kopf und ich versuchte wieder meinen Takt zu finden. Nach einiger Zeit drehte ich mich wieder um, als der Brustwarzenknabberer gerade dabei war das Mädel zu umarmen. So sah es zumindest aus. Doch er wollte ihr offensichtlich nicht wirklich seine Zuneigung beweisen, sondern nahm die Alte mit beiden Händen um den Brustkorb, setzte sich auf einen Stuhl und zog das eigentlich wehrlose Mädel auf seinen Schoß. Kurze Zeit später wanderte eine Hand an ihre Brust und die andere Hand in ihre Hose. Gleichzeitig wurden die Bewegungen des Typs schon sehr rhythmisch. Das war dann auch der Moment, in dem ich zum ersten Mal stehen blieb, um mir die Szene genauer anzuschauen. Nein, nicht weil ich es so geil fand und auch nicht weil ich es nicht fassen konnte, sondern weil aus mir nicht nachvollziehbaren Gründen das Wort „Vergewaltigung" in meinem Gehirn erschien. Das Mädel war mehr bewusstlos als lebendig und sie auf seinem Körper zu balancieren war schon eine Meisterleistung. Aber auch das würdigte ich nicht, denn ich dachte mir nur: „Das geht wirklich zu weit und das Mädel merkt ja schon lange nichts mehr."

Als nicht gerade der Mutigste nahm ich einen gewaltigen Schluck aus der Pulle, bahnte mir einen Weg zum ungleichen Paar und sprach den Typen an: „Sag mal, merkst Du in Deiner maßlosen Geilheit eigentlich nicht, dass die Alte gar nichts mehr merkt? Wie blöd bist Du eigentlich? Die braucht Wasser und frische Luft, und zwar sofort!" Kaum dass ich das gesagt hatte und sich seine Erektion in Luft auflöste, rutschte das Mädel von seinem Schoß auf den Boden. Ich konnte sie gerade noch auffangen. Gleichzeitig schrie ich den Typ an, dass er endlich Wasser holen sollte. Stammelnd und mit riesigen Augen machte er sich auf den Weg oder vielleicht auch aus dem Staub, während ich mich um die Frau bemühte, die nun wirklich kein ein Fliegengewicht war.

Zur rechten und zur linken zig Leute, die mir zwar zuschauten und die auch dem Treiben zuvor interessiert zuschauten, doch helfen wollte keiner. Es dauerte tatsächlich fünf Minuten, bis sich drei andere Frauen meiner annahmen und mir halfen, das Mädel auf den Stuhl zu setzten. Gottlob hörten die drei auf mich, als ich sagte, dass wir sie rausschaffen müssten, damit sie an die Luft kommt. Es hat verdammt lange gedauert, bis wir sie aus dem vollbesetzten Club geschafft hatten, denn sie konnte aus eigener Kraft nicht mehr gehen. Vorbei an den Türstehern, die sich ebenfalls einen Dreck darum kümmerten, was da eigentlich los war und raus auf eine Bank. Die frische Luft tat Wunder und nach zehn Minuten konnte sie zumindest wieder alleine sitzen. In der Zwischenzeit ging irgendjemand Wasser holen.

Auch mein Mann hatte mich gefunden und fragte mich, was los sei. Ich war sehr wütend, außer mir vor Wut und am Toben. Ich konnte es einfach nicht fassen, dass mitten im Club einer schon fast bewusstlosen Frau an die Wäsche gegangen wird und so viele Leute zuschauen, ohne etwas zu tun. Drogen hin oder her, aber alles hat seine Grenzen. Als ich mit den ersten Drogenparties zu tun hatte, waren die Leute besser drauf und wortlos wurde einem Wasser gereicht oder man half auch schon mal raus an die Luft. Ja selbst auf einer Sexparty, wo ich so druff war, dass ich schon fast nicht mehr stehen konnte, fanden sich Männer, die mir lieber an die Luft halfen, als sich noch an totem Fleisch zu reiben. Haben wir Schwulen ein besseres Gewissen oder ist es nur der Umstand, dass wir ne Latte in Hand, Mund oder Arsch spüren wollen und bei Ausbleiben dieser, lieber aufgeben? Ich weiß es nicht, aber vermutlich ist es doch eher die fehlende Latte als das gute Gewissen. Trotzdem kann ich es nicht glauben, dass sich vor meinen Augen solche Szenen abgespielt haben. Als wir allesamt draußen standen und ich die Geschichte den Umstehenden zum Besten gab, kam ein waschechter Berliner auf mich zu und meinte mit ernstem Blick: Weßte woran det liegt, dass sich keener kümmert? An den Touristen, die sind schuld und verbreiten schlechte Stimmung!

Gefangen

Gefangen auf einem Boot, schlagen die Wellen gegen
das Gerüst meiner Seele.

Unaufhörlich rütteln die Winde an den Segeln und
meine Nerven flattern im Sturm.

Meine Emotionen gleichen dem Spiel der Wellen.
Es geht auf und ab.

In der Ferne sehe ich den Wal atmen.

Du gleichst ihm, denn ich weiß nicht,
wann du wieder auftauchen wirst.

Wenn ich Glück habe, werde ich Deinen Atem spüren können.

Vielleicht tauchst Du aber auch unter in die Tiefe des Meeres
und lässt Dich nicht mehr blicken.

Ich bade in einem Ozean der Gefühle.

Meine Stimme ertrinkt im salzigen Wasser.

Mein Herz geht unter dem Druck kaputt.

Wenn ich die Augen schließe, ist alles dunkel und kalt und
nur in der Ferne sehe ich das strahlende Licht der Oberfläche.

Ich habe Angst, denn ich weiß nicht,
ob ich die Kraft habe das rettende Licht zu erreichen.

Vielleicht schaffe ich es – doch wird dann
die Sonne noch scheinen?

Oder wirst Du dich dann in einen Stern verwandelt haben,
der schon vor langer Zeit erloschen ist.

Ich tauche zu schnell auf und
mein Kreislauf versagt mir seinen Dienst.

Mein Gehirn dreht sich im Strudel um die eigene Achse und
ich weiß nicht mehr, wo oben oder unten ist.

Ich wünschte Du würdest als Rettungsring
an der Oberfläche treiben und auf mich warten.

Ich möchte mich an Dir festhalten und
zurück ins Leben gezogen werden.

Ende

Vergeblichkeit

Wie ist es, wenn sich der Schmerz so ganz langsam von innen nach außen bohrt? Sich über den Tag hinweg mehr und mehr ausbreitet, bis er jede Zelle des Körpers aufgefressen hat. Das Gehirn anfängt nicht mehr zu funktionieren und jede Logik entfernt wird. Wenn der Schwindel im Kopf zum Zittern wird, das sich über alle Glieder ausbreitet, bis es sich zum Atem durchgearbeitet hat. Die Herzkammern anfangen zu flimmern und gemeinsam mit der Bauchdecke zu schmerzen beginnen. Das Heulen nicht mehr aufzuhalten ist, die Nase so zu, dass der Kopf zu platzen droht. Akkorde eines Musikstückes genügen eine Welt zusammenbrechen zu lassen und Begebenheiten aus hier und jetzt Dir die Kehle zuschnüren. Keine Sprache der Welt fähig ist zu vermitteln, was in einem vorgeht. Die Gesichtsmuskulatur sich mehr und mehr verkrampft und die Augen zuschwellen wie nach unzähligen Schlägen. Wenn man nicht mehr stehen kann und nur noch liegt und sich setzen muss, weil die Bauchschmerzen zu groß werden und der Druck in der Seele nicht mehr auszuhalten ist. Wenn alles so gottverdammtscheißweh tut, dass man nur noch laut schreien will? Wenn man betet, brüllt und in der Dunkelheit nach einem Schalter sucht, der die Sonne wieder ins Haus lässt. Wenn die Stimmen immer lauter werden und nach dem Warum fragen und nur Stille die Antwort ist. Wenn jede Erinnerung als Nagel durch den Körper schießt, um alles zu killen, was sich ihm in den Weg stellt. Was, wenn man nach dem 100sten Anfang immer noch am Anfang steht. Was, wenn die unendliche Vergeblichkeit nicht mehr aufhören mag? Was, wenn man einfach nicht mehr kann und trotzdem nur die Stille deinen Raum beherrscht, obwohl draußen nach dir gerufen wird? Wenn die Kälte nicht mehr nachlässt und die Finger nicht mehr zu spüren sind. Wenn der Atem immer wieder versagt und du immer noch nicht aufhören kannst zu heulen? Wenn dein Leben unter der

Hand zerbröselt und du die Staubkörner immer wieder zurück-
schaufelst, nur damit sie vom Wind wieder zerstreut werden.
Wenn Träume explodieren. Wenn die Wut stecken bleibt und
vom Frust verlacht wird. Wenn Zukunft im Lexikon ständig
überblättert wird und du sie einfach nicht finden kannst. Wenn
die Türen zuschlagen, bevor du die Hand hast greifen können.
Der Sturm deine Stimme einfach wegfegt. Du nicht aufhören
kannst den Weg zu gehen und marschierst und marschierst.
Der Nebel diesen verdammten Gipfel nicht freigeben will und
kein Schild die Richtung weist. Der Schlaf die Gedanken nicht
mehr abreißen lässt und die Gedanken den Schlaf nicht mehr
ermöglichen. Die Faustschläge von einst jetzt erst treffen und
Knochen brechen. Optimismus zur Illusion wird. Wenn der Zug
einfach wegrast und du scheinbar für immer hinterherblickst.

Was, wenn irgendwann die Energie nicht mehr reicht, um wieder aufzustehen?

Ende

Headlines ~~HHt~~

Der Film sagt doch schon alles!!! ...::: Kein Antwort ist auch ein Antwort:::...

Leder, Gummi, Latex, Uniform, Jeans

... ich suche - du findest!!!

hy Leute bin jetzt seit einiger Zeit in ffm und habe immer noch niemanden gefunden der Spaß am Leben und am Ausgehen hat, wenn also jemand Lust hat einem die Stadt ein wenig näher zu bringen mailt mich doch mal an

Schwul ist nur derjenige der sich bückt!!! Der Andere ist einfach Krass drauf! :-)

Staub gibt es mehr als Blumen...

EINFACH NUR CHATTEN ODER AUCH MEHR LOOKING FOR NICE BOY. ALLES WIEDERHOLT SICH NUR IM LEBEN, EWIG JUNG IST NUR DIE PHANTASIE. (SCHILLER)

Stecksten Finger in Po und Dresden.

I like only hairy man

I'm not here for your Entertainment!

Bin für jeden Spaß zu haben, insbesondere der Spaß im Bett. "So ihr lieben, bin wieder da!"

was ich suche weiß ich wenn ich es finde. bis dahin wird ausprobiert.

LEIDER VERPASST.

nu isser wieder weg :-(reinschauen dürft ihr trotzdem ;-)

von Sex bis Beziehung ist alles drin:-)

::::: offline :::::

•‡•‡• ... voyez les effets secondaires

vielleicht nächstes mal!

Hi aus Frankfurt. Suche sehr erfahrenen, geübten Bläser, der mich gut bedient! FICKE BEI BEDARF AUCH GEIL. DATE JETZT UND GERNE UNKOMPLIZIERT!

DAS LEBEN IST GEIL

Süßer boy sucht Sexdate

mal sehen was kommt.......

3-er BMW zu verkaufen !!!

Nur nicht so schüchtern....

Netter Mann für nette Männer

Meldet Euch einfach ;-)

... DA BIN ICH UND BEREIT FÜR ...

Krasimir i am with you

Hi aus dem Frankfurter Westend. Suche ein geiles spritziges Date! Stehe auf geile Bläser....ficke sehr geil und geübt! DATE JETZT BEI MIR, DIR ODER OUTDOOR SOFORT MÖGLICH!!!

Tommaxxx ist gut drauf und gut drunter und sucht geil versaute Dates mit richtigen Männern

Hallo,,,,,,,,,,,

tonite: mal sehen, was cummt ...

how to be happy without trying too hard?

NA DAS WOLLEN WIR MAL SEHEN

<== hier klicken

Ist das Leben nicht schön? JAAAA! Das Leben ist nicht schön!

Tja verpasst würde ich sagen... trotzdem hinterlasse doch eine Nachricht ich freue mich bestimmt wie ein frisch gebackenes Brötchen ⌢⌢

Hallo Frankfurter - im Nordend wird gerade mal wieder Live gesucht

hallo, freue mich auf eine Nachricht. Gibt es noch hier geile Aktive?

Will mal schauen und sehen, was hier so los ist!

Stier auf der Suche in Ffm

NICHT UNBEDINGT....

such dirty live in Frankfurt

It needs one to know one

Let's talk about (...), baby!!!! Für was stehen die (...)? Findet es heraus!!!:-)

Bin zwar nicht da, freue mich aber über Tapsen :-)

suche gelegentlichen Spaß mit MÄNNERN oder M/W - Nochmal : BIN NICHT IMMER AM PC

bin offline, Interesse? bitte Message hinterlassen

SLINGFUN UNKOMPLIZIERT UND SPONTAN

Gib jedem Tag die Chance, der schönste deines Lebens zu werden.

Schau mir in die Augen cute boy und sei mein Spielzeug :-))

You have the right to remain silent. Anything you say can and will be used against you in a court of law...
Get your lessons and listen to the teaches of PEACHES!

wenn ich online bin, bin ich geil und wenn ich off bin auch ;-)

Put your Hands up for Detroit - I Love this City

25 jähriger aus Frankfurt sucht nette unkomplizierte Treffen

Normal sucht Normal

Einen wunderschönen Tag ...

Es könnte immer Sommer sein

ELEKTRO KANN STIMULATION ODER MEHR SEIN. STIMULATION FINDE ICH GUT UND AM MEER BIN ICH GERN. ;-) - LUST AUF GEILES ELEKTRO-ENTSAFTEN?

"Die Moral ist immer die letzte Zuflucht von Leuten, die die Schönheit nicht begreifen..." Oscar Wilde

Mein Herz ist kein Spielzeug....

Schon wieder älter....Oh Mann!

Mal sehen was es heute hier noch gibt. Also ran an die Tasten..... :-)

BIN AUCH IN HH, BLN, MÜ

möchte JETZT noch geil ficken aktiv und/oder passiv... gern mit pp... und ohne viel Anlauf... bin bereit und mobil

bist Du bereit für dieses Profil?!

""""""""""---online---""""""""""""""""""""""""

Fuckbuddy gesucht. Bewerbungen werden auch offline entgegen genommen ;-)

Für einen Mann, der Kunst und Quatsch für völlig unterschiedliche Dinge hält

ø¤º*º¤ø VORSICHT! BÄRCHEN NICHT MEHR AUF DER JAGD!!!

Ende

Das Flüstern der Blumen

Wer Schmetterlinge im Bauch fühlt, kann Blumen flüstern hören. Das ist allemal besser als das Gras wachsen zu hören. Doch was flüstern Blumen, wenn sie sich durch das immer noch nasse und kalte Erdreich in Richtung Sonnenlicht bohren und seit wenigen Tagen die ersten wärmenden Sonnenstrahlen mit den noch blassgrünen Blattspitzen einfangen. Immer der Gefahr ausgesetzt, dass es doch nochmals schneien könnte oder die Umgebung in der Nacht schockgefroren wird?

Blumen flüstern nicht, weinen nicht und teilen uns, wenn überhaupt, nur ihren frühzeitigen Tod mit, der sich durch tiefbraune Blätter und lebloses Blütenwerk ankündigt und abzeichnet. Nur selten gelingt dann noch eine Rettung.

Blumen, die wachsen, reden nicht. Sie schieben sich Tag für Tag dem Sonnenlicht entgegen und je wärmer es wird, umso schneller nehmen sie an Größe zu.

Blumen, die wachsen, bekommen jeden Tag neue Blätter – Kunstwerke der Natur – Vorboten einer bunten Pracht.

Blumen, die wachsen, recken und strecken sich und ganz langsam bilden sich die Blütenknospen, deren Inhalt wertvoller ist als Gold. Wie Raupen im Dickicht verbirgt sich unter der unscheinbar und schützenden Hülle ein Feuerwerk der Farben, Formen und Gerüche.

Blumen, die wachsen, brechen irgendwann auf – ohne Vorwarnung. Ganz sacht entfalten sich die zarten Blütenblätter und die frischen Farben lassen ahnen, welch Zauber sich im Ganzen verbirgt.

Blumen, die wachsen, stehen eines Morgens in voller Pracht unter der Sonne und strahlen mit den Gestirnen des Firmaments um die Wette.

Blumen, die wachsen, stehlen den Schmetterlingen die Schau und locken Bienen an, die nur mal Naschen wollen.

Blumen, die wachsen, behalten diese Blüten manchmal nur kurz – oft aber auch das ganze Jahr. Und wenn es die Umgebung zulässt, dann wachsen sie tagein, tagaus und bilden immer mehr Blüten. Und als ob die Blütenexplosion nicht schon genug wäre, bilden sich kleine Samenkörner, welche die Frucht der Natur in sich tragen, um im nahenden Frühjahr dafür zu sorgen, dass Blumen, die wachsen, nicht sterben, sondern sich mehr und mehr ausbreiten, bis auch der letzte Winkel der Natur sich mit ihnen schmücken kann.

Blumen, die wachsen, sprechen durch ihr Leben und durch ihr Wachsen.

Wird ihnen die Sonne genommen und das lebenswichtige Nass vorenthalten, dann sterben sie. Leise und sachte. Der hängende Kopf verkündet das nahende Unheil. Doch auch wenn sie scheinbar tot am Boden liegen, haben sie immer noch eine Frucht hinterlassen, die immer wieder belebt werden kann.

Blumen, die wachsen, sind wie Schmetterlinge im Bauch: Du kannst sie fühlen und wenn du die Augen aufmachst auch sehen.

Ende

Angst

Angst aufzuwachen und zu wissen,
dass ich Dich nicht mehr sehen werde.

Angst im Bett zu liegen und zu wissen,
dass ich Dich nicht mehr spüren werde.

Angst die Augen aufzuschlagen und zu wissen,
dass ich Dich nicht mehr lächeln sehe.

Angst durch mein Zimmer zu gehen und zu wissen, dass Dein
Lachen nicht mehr zu hören ist.

Angst mich umzudrehen und zu wissen,
dass Du auch nicht mehr im anderen Zimmer liegen wirst.

Angst in der Kneipe zu stehen und zu wissen,
dass Du mich nicht mehr beachtest.

Angst über die Straße zu gehen und
Dich mit einem anderen zu sehen.

Angst ans Telefon zu gehen und
Deine Stimme nicht mehr wahrzunehmen.

Angst vor einem NEIN

Angst vor Dir

Angst vor mir

Angst vor der Wahrheit

Angst vor der Zukunft

Angst vor dem Alleinsein

Angst vor der Angst

nur ein Lächeln und das Strahlen Deiner Augen genügt und
meine Angst ist fort.

Verlorene Energie

... doch was, wenn jeder Glaube an die Hoffnung zerstört ist?

Wenn jedes Gebet ungehört bleibt,
wenn die Zukunft nicht mehr existiert und
Vergangenheit nur noch in der Erinnerung existiert?

Wenn der Verstand versagt und
Gefühle in Ketten gefoltert werden?

Wenn Berührungen nicht mehr richtig sind und
Worte nicht mehr den Schmerz beschreiben können?

Wenn die Energie nicht mehr reicht mich festzuhalten und
ich spüre, wie jeder Wille meinen Körper verlässt?

Was, wenn ich die Augen zumache und
weniger als schwarz sehe?

Was, wenn ein Lächeln gefriert und
das Gehirn Gesten nicht mehr wahrnimmt und
der Mund nicht mehr in der Lage ist zu formulieren?

Was, wenn einem alles genommen - selbst der Glaube?

Was, wenn es nicht mal einen Schuldigen dafür gibt?

Was, wenn es kein Zuhause mehr gibt und keinen

Weg, der einen irgendwo hinführt?

Was, wenn jeder Versuch von „oben" ermordet wird?

Was, wenn die Berechtigung verloren geht?

Was, wenn man einfach nicht mehr da wäre?

Was, wenn aus Leben nur noch Schuld wird?

Was, wenn das Zurückkommen schlimmer wird als
das Wegsein?

... verlorene Energie ... kaltes Sonnenlicht ...

Ende

Wenn die Katze
dem Date die Krallen zeigt ...

Der markerschütternde Schrei, der durch Marcos Flur in sein Schlafzimmer drang, kündigte zum wiederholten Mal eine Scheidung an, noch bevor die erste gemeinsame Nacht richtig vollzogen war. Pumuckl, Marcos roter Stubenkater, duldet keine fremden Männer in der Wohnung, schon gar nicht über Nacht. Also setzt er ein Zeichen – nämlich sein Häufchen im teuren Nike-Schuh des unliebsamen Besuchers. Alternativ benutzt er auch gerne die Dusche für seinen wirkungsvollen Protest. Marco hat sich daran schon gewöhnt und versucht normalerweise Schuhe und Kleidung des Besuchers katzensicher zu verstauen. Noch bevor der Gespiele aufwacht, kontrolliert er auch das Badezimmer, doch dieses Mal ist es ihm nicht gelungen. Laut fluchend macht sich der Kerl aus Marcos Wohnung und Leben auf und davon. Zurück bleibt ein glücklicher Kater, der wenig zu befürchten hat. Zu sehr liebt Marco das eifersüchtige Vieh. Wie an die Protesthaufen des Katers hat sich Marco auch an sein Singledasein gewöhnt und beides arrangiert. Den Kater abzugeben ist keine Option des angehenden Zahnarztes. Freud und Leid liegen in diesem Fall zwar eng beieinander, doch der Spaß, den er mit dem Tier hat, ist weitaus größer.

Damit abgefunden hat sich auch Oliver, der - seit er einen Hund hat - immer noch Single ist. „Ob es da einen Zusammenhang gibt?", fragt er lachend. Tiffany, die zweijährige Staffordshire-Terrier Hündin gehört zu den so genannten Listenhunden. Er lebt damit, auf der Straße beschimpft zu werden oder damit, dass die Menschen schleunigst die Straßenseite wechseln. „Die schauen mich an, als hätte ich eine Autobombe in der Hand", weiß er zu berichten. Trotzdem bleibt das Tier an seiner Seite und teilt auch schon mal das Bett mit ihm.

So wie den beiden geht es einer ganzen Reihe von Schwulen, deren Alltag im Positiven und Negativen vom Haustier bestimmt wird. Da fragt man sich schon, weshalb Mann sich das antut. Die Antwort geben Haustierhalter, einschlägige Studien, die Wissenschaft und Psychologen. So weiß die Psychologin und Publizistin Hanna Rheinz in ihrem Buch „Eine tierische Liebe" zu berichten, dass „das Tier ein Gefühlsanker in einer Welt der Unberechenbarkeiten, der Trennungen und des permanenten Liebesverlustes bleibt. Das Schnurren der Katze vermittelt das Gefühl von Geborgenheit, weil wir in ihm den Rhythmus eines anderen tieferen Atmens wiedererkennen."

Das kann Andreas, der British Kurzhaarkatzen züchtet, durchaus nachvollziehen. Auch Andreas hatte schon Zeiten, in denen er sich sehr allein gefühlt hat und sein Kater Hatschepsut ihn tröstete. Natürlich fragt er sich dann schon auch, ob es sich dabei nicht nur um Einbildung handelt - „allerdings tut der Gedanke schon ganz gut", gibt er zu.

„Die Tiere lieben einen unendlich, 24 Stunden am Tag. Diese Liebe und Freude zaubert mir täglich ein Lächeln ins Gesicht", erzählt der Niederösterreicher Micha, der zuweilen mit bis zu zehn Hunden unter einem Dach lebt und jetzt eine Shih-Tzu-Zucht aufbaut. Obwohl auch er Single ist und einige Trennungen seinen Hunden und der Zeit, die er mit ihnen verbringt, zuzuschreiben sind, würde er sich niemals von ihnen trennen. Seine Tiere motivieren ihn durch die bloße Anwesenheit, strahlen Freude aus und geben ihm auch eine Aufgabe. Gerade als er an Krebs erkrankte, waren es die Hunde, die ihm halfen sich nicht hängen zu lassen. „Mann kann sich nicht zu Hause verkriechen, denn die Hunde müssen ja raus und sie brauchten mich. Das hat mir wahnsinnig geholfen und ich bin den Hunden unendlich dankbar." Michas Erfahrungen belegen zahlreiche Studien. Haustierhalter leben gesünder, sind weniger gestresst, haben weniger Probleme mit Herz- und Kreislaufbeschwerden und Heilungsprozesse werden deutlich beschleunigt. Tierhalter leben glücklicher, denn die Tiere sorgen für Bewegung und Beschäftigung, vermitteln den Besitzern das Gefühl gebraucht zu werden und dienen als Kontaktbrücken zu anderen Menschen. Aber funktioniert das mit dem Flirtfaktor Tier wirklich?

Michael ist sich da nicht so sicher. Immerhin verhindern die Vogelspinnen Thekla und Fräulein Smith mitsamt der Boa Hecktor, dass so mancher Herr seine Wohnung betritt. „Also dass es über die Tiere zu einem Flirt kam, war so selten, wie in einem Gespräch über Bierdeckel zum passenden Mann zu gelangen." Auch Katzenbesitzer klagen eher über Allergiker und Kerle, die sich an den Haaren der Mitbewohner stören. Auch Rudi kann nicht bestätigen, dass seine 30 Meerschweinchen einen hohen Flirtfaktor darstellen, höchstens Mal auf Ausstellungen, sagt er. Hätte er nicht schon einen Freund, der trotz Allergie ihn und seine Nager liebt, bliebe ihm ja immer noch die schwule Plattform gayromeo, wo sich sogar ein Club der Meerschweinchenliebhaber gegründet hat. Anders sieht es natürlich mit Hunden aus, wenn man nicht gerade einen böse dreinblickenden Kampfhund hat, vor dem die Kerle wegrennen.

Der Autor Clemens Glade findet den Flirtfaktor Hund schon sehr hoch. „Freunde von uns leihen sich die Leine aus, damit sie durch den Park rennen können, einen Hundenamen rufen und auf Mister Right warten." Allerdings stellt sich die berechtigte Frage, ob Mister Right jemals aus den beschmutzten Büschen kam und länger als fünf Minuten blieb, wenn er denn kam.

Nicht anders erging es Reiner mit seiner Rarität Sabou, einem ägyptischen Pharaonenhund, den er sich aus Malta mitgebracht hatte. „Boooa ist das ein geiler Hund! ... Ja komm mal her ... ja du bist ja ein Lieber ... und guck mal die Augen und das Schnäuzelchen ... ja wie heißt du denn?" Kaum jemand wollte Reiners Namen wissen und ging nur zum Streicheln des Hundes in die Knie.

Nein, das Volk stürzte sich auf den Hund, als hätte Reiner ein Sexsymbol an der Leine und nur einmal hörte er, wie im Weggehen gesagt wurde „ ...aber Herrchen ist auch nicht schlecht". Selbst im Club „Gay with Pets" bei gayromeo finden sich keine positiven Erfahrungsberichte, die davon zeugen, dass gemeinsames Gassigehen zur großen Liebe geführt hätte.

Ganz im Gegenteil, Haustierbesitzer sind von jeglicher Spontaneität befreit. Der kurze Flirt endet doch immer mit den Worten: „Ich muss zuerst den Hund nach Hause bringen." Auch der aushäusige One-Night-Stand nach dem Diskobesuch fällt flach, weil Herrchen zuerst nach Hause muss, um mit Köti seine Runden zu drehen. Und was, wenn sich die Hunde nicht ausstehen können, obwohl die Herrchen sehr gut miteinander könnten? Auch ein gemeinsamer Urlaub scheitert oft am lieben Vieh.

Frank kann sein 1.200 Liter Salzwasseraquarium höchstens für eine Woche alleinlassen, weil es sonst zu Toten kommen würde. „Nirgends im Bekanntenkreis gibt es Fachleute, die sich in der Zeit sachgerecht um das Aquarium kümmern können. Und so ein Riffaquarium hat einen Wert von mehreren Tausend Euro. Das Risiko will ich nicht eingehen", so sein Fazit.

Überhaupt kosten Haustiere Geld und das nicht zu knapp. Hundesteuer, Katzenfutter, Meerschweinchenstreu, Mäuse und Grillen als auch zahlreiche Veterinärbesuche können schon mal arm machen. Selbst wenn der Liebling verstirbt, kommen Kosten auf einen zu. Findet der Anemonenfisch ein Armenbegräbnis in der Toilette, wird für einen Hund oder eine Katze richtig Geld ausgegeben. So bezahlen Reto und René jedes Mal, wenn eine ihrer neun Katzen stirbt, bis zu 150 Franken für das Krematorium und eine standesgemäße Urne.

Nun denn, das Tier kostet Geld, es eignet sich nicht zur Partnerfindung und spontanes Rumvögeln über Nacht ist für viele auch nicht machbar. Ist das Tier also doch nur Kinderersatz? Gegen diese Unterstellung wehren sich sehr viele. Für Michael sind seine Vogelspinnen ein Hobby, in das er viel Zeit, Leidenschaft und Interesse hineinsteckt. Anders für den Kölner Katzenzüchter Andreas. „Am Anfang war es der Besitz, danach das Interesse an der Rasse, heute ist es ein zeitintensives Hobby und auch ein stückweit Kinderersatz."

Auch Rudi bezeichnet seine Meerschweinchen als Kinder und Dieter aus Wetzlar sagt dann schon mal zur Hündin Emilie: „So, der Papa muss jetzt auf die Arbeit und Geld verdienen, damit wir was zu Essen haben." Auch wenn so manches Tier zu Hause wie ein Kind bemuttert wird, ist es meist doch eine andere Motivation, die aus nem Kerl ein Herrchen macht. „Für mich ist es die Abhängigkeit des Tieres und dass ich mich um den Hund kümmern muss", sagt Eric.

Generell scheint das Thema Abhängigkeit des Tieres einen großen Stellenwert bei Haustierhaltern zu haben. Willen zur Verantwortlichkeit und das Bestreben eine Aufgabe und auch einen klar strukturierten Tagesablauf zu haben, nennen die meisten Interviewten. Für andere ist es die Unbefangenheit der Tiere, die Menschen nicht klassifizieren und vorurteilsfrei auf diese zugehen. Wieder andere bewundern die Eigenständigkeit der Tiere und die Tatsache, wie man als Herrchen lernen kann, sich mörderisch zu streiten, um zehn Minuten später wieder schmusend im Körbchen zu liegen. Oft macht es auch die Sensibilität der Tiere aus - einfach deren Gespür für die Befindlichkeit von Herrchen oder Frauchen. Argumente, welche durch die Psychologin Andrea Beetz gestützt werden, die sagt, dass das Tier uneingeschränkt Akzeptanz vermittelt, prompt auf nonverbales Verhalten reagiert, das nicht verfälscht werden kann. Damit reagieren die Tiere in gewisser Weise sensitiver auf den tatsächlichen Zustand oder das Verhalten des Menschen, der weiß, dass er sich beim Tier nicht verstellen kann und muss.

Einen Partner auf vier Pfoten zu haben scheint für die meisten Schwulen nicht weniger erstrebenswert wie für Heteros auch. Der Mensch hatte schon zu Urzeiten eine ganz besondere Beziehung zum Tier. Warum sich Menschen heute Haustiere halten, beantwortet möglicherweise Dr. S. Thor in seiner Betrachtung zur Mensch-Tier-Beziehung:

Eine mögliche Begründung ist das grundlegende menschliche Bedürfnis sich an die Natur zu binden und dieses Gefühl im Halten eines Heimtieres zu finden.

Seelenraum

Wunden brechen auf, Narben schmerzen, Knochen scheinen zu brechen. Bewegungen des Körpers werden zur Qual und der Schmerz zieht durch jede Faser und zieht alle Organe in Mitleidenschaft. Das Stillhalten wird unerträglich, die Krämpfe kommen häufiger und intensiver. Energie geht verloren und die Kräfte reichen nicht mehr, um wegzulaufen oder unbeirrt weiterzugehen. Schließen sich die Augen, umgibt Dunkelheit das Sein, das Hier und das Jetzt. Ein Weg zeigt sich im Gestrüpp der Gefühle und führt durch hässliche Landschaften. Stunden über Stunden zieht dich der Weg in die Tiefe, wird schlammig und zur Gefahr. Bis die ersten Grashalme auftauchen und die Luft nicht mehr so bitter riecht.

Der Himmel lichtet sich und die Sonnenstrahlen tasten sich durch die Dunkelheit und geben Sicherheit. Die stolpernden Kindertappser werden mehr und mehr zu festen Schritten. Schleppen sich anfänglich noch, werden schnell fließender, bis der Gang zum Lauf wird. Die Landschaften jagen an einem vorbei. Immer wieder Wurzeln und Stolperfallen. Ja nicht hinfallen, bloß nicht stehen bleiben, weiter und weiter der Wärme entgegen. Noch eine letzte Steigung, noch eine Biegung, dann nur noch ein Felsen, der Blick über die sandige Kuppe und das Ziel ist erreicht.

Die Sonne brennt ins Gesicht, der Wind tobt durchs Haar und das Tosen der Brandung streichelt die Ohren. Möwen werden zu Gesprächspartnern und die Leere des Raumes, die Stille der Ewigkeit ummantelt das eben Erlebte und machen aus der Zukunft schon vorsorglich eine Vergangenheit. Am Horizont nichts als Wellen, die hinaustragen ins farbenfrohe Ungewisse. Stundenlanges Sitzen und Beobachten des Meeres.

In der Ferne ein Segelboot. „Nimm mich mit, nimm mich mit!",
ruft das Kinderherz. Der Wind trägt die Verzweiflung mit sich
fort und die Fantasie segelt mit. Der Ruf geht unter im Mö-
wengeschrei. Ein Lächeln huscht kurz übers Gesicht und ein
Funkeln erstrahlt in den verweinten Augen. „Du hast mich doch
gehört ... bring mich fort!"

Die Zeit steht still, Minuten werden zu Stunden, Tage zu Jahren.
Das Meer verändert sich nicht, der Wind riecht salzig gut, die
Sonne spendet Wärme, die Hände graben im warmen Sand.
Die Sonne wird nie wieder untergehen. Weg sind alle Schmer-
zen, verheilt die blutenden Wunden. Kinderlachen erfüllt den
ganzen Raum und die Sonne strahlt stärker als je zuvor.

Dann ein Donnerschlag. Die Faust landet mitten im Gesicht,
Blut spritzt aus der Lippe. Das Meer, die Sonne, die Wärme –
alles hinweggefegt vom Sturm des Moments ...

Ende

Headlines 卌 I

Go with the flow jo..

SPORTLICH, INTELLIGENT, VIELSEITIG & NORMAL GEBLIEBEN SUCHE EBENSOLCHEN!

das Leben ist eine Herausforderung.....

i am in bali from 7.12 - 25.01.07.....
very x mas and a happy new year.......

Freunde oder Freund gesucht. Jemand der bleibt.

...BITTE DIREKT WEITERKLICKEN - WENN DIR DEIN GEGENÜBER OPTISCH EGAL IST
ODER DU JEMAND BIST DER DEIN GEGENÜBER ÜBER DIE TASTATUR VERSUCHST KENNEN
ZU LERNEN => NO GO?

**Sorry, grad off - Schreib mir und ich antworte Dir...es ist soo
einfach! :-)**

bin net da, bitte mail schreiben :-)

The best things in life are...

ist ein Maulbesamer unterwegs? JETZT!

Mal sehen, was Mann hier so trifft!!

WER JETZT NICHT SCHREIBT IST SELBER SCHULD...

Verführung, Lust, Begierde.. Bin ich eine Sünde wert?!

Tell me baby, what's your story

so, jetzt aber auch melden! –

Alles hat ein Ende..nur die Wurst hat zwei!
‚¸•*ˇ)(ˇ*•.¸Willkommen¸‚•*ˇ)¸•*ˇ)(ˇ*•.¸Boa vinda
‚¸•*ˇ)(ˇ*•.¸ Was hast Du vor mit dem Rest Deines Lebens?¸•*ˇ)¸•*ˇ)(ˇ‘•ˇ) (ˇ*•.¸ (ˇ*•.¸ Benvenuto¸•*ˇ)¸•*ˇ)
(ˇ*•.¸ •.(ˇ*•.¸ Bienvenu¸•*ˇ)¸•*ˇ)

ICH SUCHE GUTE FREUNDSCHAFTEN UND MEHR KANN ES AUCH WERDEN !..................

"Netpic Aber ich seh ähnlich aus" hmm.. wohl kein eigenes leben

suche geile dates, bin sowohl aktiv als auch passiv

Wer lässt sich von nem XL poppen?

LEBE DAS LEBEN UND GENIESSE ES

Siffgames wanted.

Aktiv, mobil, geil? Dann her mit Deinen Messages!

Netter FF-Typ sucht unkomplizierte Dates ;o)) - ...Fferkel zum Ffliegen gesucht...

Maennerpaar 36/49 sucht für Sex und - Freizeitgestaltung M/MM

Du musst dich erst von deiner Unschuld befreien damit du in deinem Leben überhaupt glücklich sein kannst

http://grad.nicht.da -
PS: Suche ADIDAS Taekwondo - SM II-LS in weiss - Bitte melden!!!

Offline auch anschreibbar

always looking for hot boys amd hot fun

beisse nur auf verlangen:)

Live fast, die young...

Wer noch nie die Euphorie und das prikelnde Körpergefühl einer Ganzkörpermassage erlebt hat, weiß nicht, was er bisher versäumt hat.

So...jetzt kämpf ich mich auch einsam durch den Homo-Dschungel und versuch von den ganzen Blutsaugern nicht erwischt zu werden.... :-)

gnadenloses kuschelwixen !

Jeder Tag ist ein neuer Anfang.

Ach was? (Die Headline ist zu kurz?)

XXXXXXXXXXXXXXXXX

Halloooo einfach bin der Kevin

wenn geschlossen ist, ist zu

WHEN THE RAIN BEGINS TO FALL...!!!

Es gibt Menschen die sind sehr wertvoll und
die vergisst man nie!!!!

Das Spiel ist vorbei...........ich gehe duschen.....

**Sämtliche Daten wurden während des Jahreswechsels
gelöscht,... bitte führen sie ihre id-card in den dafür
vorgesehenen slot ein und weisen sie sich aus**

Friendly guy visiting a city near you.

das leben erleben und nicht vertrödeln

....

Somebody's watching me, clockin me, hear my heart tickin..

SUCHE VIEL SAFT ZUM SCHLUCKEN

suche aktiv dominante Typen, die mich ordentlich ran nehmen beidseitig gut belastbar und auch gerne mal aktiff

Einfach nur ein Kerl...

searching someone who wants to FUCK ME TONIGHT!

ROTUNDEN-FAN PAR EXCELLENCE

Servus !!!!Jungs und alles frisch ?

......mal sehen - was sich so ergibt

Verliebt, geliebt, glücklich, jung, frech, verwöhnt...

Cada Vez Que Te Llamo No Estas

suche geile Mitspieler für heute Abend... bitte keine Weicheier!!! Sling hängt... ;-)))

LIFE IS TOO SHORT TO DANCE WITH UGLY WOMEN

schauen wir mit neuen Augen, deren Blick noch nicht vom verlangen verschleiert ist

Bohrinsel im Rio de la Plata in Planung! :-))

unkomplizierte Leute für gemeinsamen Sport und Spaß gesucht...

So online wären wir.. und jetzt?

DO YOU LIKE IT?

Das Ziel ist im Weg ... ;-)

IMMER GEIL AUF NE GEILE SAU

Leicht devoten 23 jähriger sucht Erfahrung. (Und wenn möglich Glory Holes, wenn ihr ein kennt! :-))

Kurzlich nach Bad Homburg umgezogen!

"Die Zeit, die ich hier verweil', ich kann sie nicht ermessen!"

fuck this ... i'm leaving :)

Genitalien sind der Resonanzboden des Gehirns.

Frankfurt [] Bümplitz [] Uzwil [] Gossau [] Wittenbach [] Hölle [x]

fuck this ... i'm leaving :)

endstation WIR

Gefühle sind schon ein sehr turbulentes Heer an Anomalien der menschlichen Seele. Vor allem, wenn man sich verliebt. Da prickelt es im Kopf und im Bauch rauscht es. Der Magen weiß nicht mehr, was der Hirnstamm will und wenn man dann endlich mal einen klaren Gedanken gefasst hat, kommt eine Erektion daher und raubt einem das notwendige Blut zum Denken.

Doch dann ist es irgendwann soweit und man lässt die Liebe zu, welche von Tag zu Tag größer, tiefer und inniger wird. Weg sind all die ungewissen Fragen und die vielen Sorgen, die auf dem Morast des alten Beziehungsmülls grob gediehen sind. Was nicht mitsamt Wurzeln herausgerissen wurde, vermodert nach dem Umgraben und spendet Energie für die vielen neuen Pflanzen des wild wuchernden Blumenbeetes der Liebe.

Was sich hier so blumig liest, ist viel Arbeit, die sich quasi von selbst erledigt, wenn der oder die Richtige das einsame Herz erobert hat. „Ja" zu sagen kann schwer sein und erfordert mitunter einen Bagger, der die Jauchegrube des Herzens zu einem Garten Eden umfunktioniert. Allem voran stehen der Wille und das Vermögen, einer gewissen Unbeschwertheit ihren freien Lauf zu lassen. Kein „wenn und aber", sondern ein „ja, das machen wir". Dieses saugute und tiefgreifende Gefühl, wenn aus der Idee ein Samenkorn wird, das langsam gedeiht und wächst, ist mehr als schnöde Zukunftsplanung. Es ist ein Weg, den man zusammen geht und dessen Ende nicht abzusehen ist. Ein Pfad der Unendlichkeit, der sich durch Berge und Täler windet, auf sonnigen Plateaus Einhalt gebietet und in tief verschneiten Regionen vielleicht auch mal ins Stocken geraten kann, bis man ihn wieder freigeschaufelt hat.

Wie schön, wenn man jeden Atemzug auch in den letzten Regionen der verqualmten Lunge spürt oder sich jeden Morgen freut, wenn Schatzi neben einem liegt und das gleichmäßige und vertraute Atmen viel schöner als Vogelgezwitscher oder Technomucke ist. Keine Droge der Welt vermag den Herzschlag zu schaffen, den man spürt, wenn eine komplette Gesellschaft an Deinen Lippen klebt, nur um zu hören wie Dein „Ja" die Stille des Augenblicks in ein furioses Konzert der Emotionen verwandelt. Das Rauschen in den Ohren wird zur süchtig machenden Qual und der Moment des Herzstillstandes beim öffentlichen „Ja" des Partners, ist das Maß der Dinge, das Ende aller Ängste, der Beginn eines neuen Lebens und das Kokain sämtlicher Gefühlswelten, die in dieser einen Sekunde Kopf stehen.

Wir sind angekommen und „endstation WIR" heißt die Haltestelle einer verrückten Fahrt durch das Leben. Viele Kreuzungen wurden falsch genommen und ab und an raste man in die falsche Richtung, direkt in den dunklen Wald. Doch das Navigationsgerät der Gefühle leitete einen stets wieder auf die richtige Strecke, auch wenn man nicht wusste, wo diese hinführt. Die Endstation ist Start- und Zielposition und bedeutet auch Aufbruch. Das Verkehrsmittel wurde getauscht und aus dem Einrad wurde ein Tandem. Wir werden die Berge hinaufstrampeln und die Bremsen ziehen, wenn es zu steil bergab geht. Wir werden uns den Wind um die Ohren wehen lassen und sämtliche Gerüche des Wegesrandes in uns aufsaugen. Und eines Tages werden wir an einen sonnigen Platz kommen, auf dem das Schild „zu verkaufen" steht und dann werden wir wieder halten und eine neue Reise beginnen – nur mit anderem Fortbewegungsmittel.

Reisen in die Zukunft, weg vom Jahrmarkt der Eitelkeiten, waren und sind immer möglich, denn sie kosten quasi gar nichts. Das einzig akzeptierte Zahlungsmittel ist Mut und Liebe. Beides gefunden im hier und jetzt. Pay one und get dafür die Unendlichkeit eines Sinnesrausches, das strahlende Lächeln Deines Partners und die Gewißheit: Ich habe alles richtig gemacht. „Ich bin das beste das Dir passieren konnte" löst sich aus der Sammlung leerer Phrasen, auf die es nur eine Antwort geben kann: Ich liebe Dich!

Ein Beziehungsversuch

oder: arrogantes Arschloch.

Februar 2004:

Hey, was steht an? Hast Du Lust mich (24/176/77) in Folie oder Gummi einzupacken? Mit Klebeband wird am Ende alles fixiert lediglich ein Loch zum Atmen und eins zum ficken bleibt frei... Vorm einpacken gerne noch vollsauen mit Eiern, Oel, Mehl, Ketchup, peep! und was dir sonst noch einfaellt. Ich liebe es auch gefesselt einlaeufe zu bekommen oder langsam aber tief ins Maul gestossen zu werden... Du liegst mit Deinen 37 genau in meiner Altersklasse. Melde Dich, gerne auch für Beziehung, würde mich freuen.

Lieber Beziehungsinteressent (eine andere Anrede fällt mir jetzt spontan nicht ein),

... auf Freiersfüßen durch die Gemeinde zu rennen muss nicht zwangsläufig bedeuten, dass man sich sofort wieder nach Eheringen umschaut oder Pseudogemeinsamkeiten genügen das Konstrukt „Bindung", gleich eines Hologramms, in den zur Zeit emotional leeren Raum zu projizieren. Es heißt auch nicht, dass ich plötzlich auf kindische Sockenschnüffler oder Turnschuhlecker abfahre, Berufskrankheiten wie Gummistiefelliebhaber erotisch finde, Codetücher behangene Ledermuttis, die drei Köpfe größer sind extrem geil finde oder eine Testphase im NS-schlucken oder Scat -fressen durchlaufen will. Auch die Möglichkeiten gemeinsamer Unternehmungen im erkalteten Wald oder als angeleinte GangBang-Stute liegen im unteren Permafrostbereich. Noch bin willens den Job eines Psychodoktors zu übernehmen, der sich mit vollgesauten Mumien die restlichen intakten Gehirnzellen ruiniert.

Sicherlich wird es genügend Momente geben, welche die Überlegung eines Dates zulassen und selbstverständlich erfreue ich mich auch ab und an eines Ständers, der mehr möchte, als nur im dunklen Hosenverschlag zu hocken. Aber bis er das Tageslicht erblickt, ist Charme gefragt oder extreme Notgeilheit im volltrunkenen Zustand, deren Wahllosigkeit auch eher im unteren Promillebereich liegt. Dummgeile Erstmessages wie etwa „ was suchst du" oder „geil ficken" und „Hey, was steht an – selbst mit Deinen weiterführenden kreativen Elementen, werden von mir auch weiterhin deftig beantwortet und ich freu mich, wenn ich wiederholt den Titel „arrogantes Arschloch" verliehen bekomme.

Ich ziehe ein gemeinsames Getränk einer vorgeschmierten Jungstute vor und stell mich als willenlose Mundvotze, Luft schnappend und reichlich dämlich an. Ich habe auch keinen Bock auf elitäres und abgehobenes Geschwätz, denn Intellekt findet sich durchaus auch in Bodenhaftung wieder. Pic lose Zeitgenossen, Augenbraun gezupfte Guccischwuchteln und Brüder deren visuell sichtbar gemachte Körperöffnungen den Zustand Ihres Gehirns preisgeben, sind genauso abtörnend wie Verheiratet die nur vormittags ficken können und wecken mein Interesse genauso wenig wie Maßeinheiten, die Abfrage von Kürzeln, als auch zwei in Plastik geschnittene Löcher mit einem psychisch Kranken darunter.

Deshalb: Lächle einfach, sei Du selbst aber verschon mich mit so nem Scheiß. Toi Toi Toi und alles Gute!

Log out

Hundert Mal die Online-Liste hoch und runter geklickt, wieder mal am Schauen, wer da ist, Bildchen gucken, sich freuen, dass es attraktive Männer gibt und zum x-ten Mal eine Message beantwortet, deren Körperöffnungsbildchen mich kotzen lassen.

Ich frage mich mehr und mehr, was es eigentlich bringt? Onlinebekanntschaften von Frank sind plötzlich entzückt, weil sie mir endlich Fickangebote machen können und baggern ganz massiv, so genannte Bekannte nutzen ihre Chance ohne jedes Feingefühl und ohne ein Minimum an Respekt vor der verzwickten Situation. Trennungen geschehen auch, weil man liebt! – ich glaube, das geht über den Horizont so vieler Jungs, deren Lebensinhalt Partys, Dreier, Sex und Drogen sind.

Auch auf Seite 20 der Onlineliste Smalltalkebenen unter der Gürtellinie und nur alle Jubeljahre jemand, der wirklich Interesse an der realen Person zeigt – ohne sich vor dem PC einen runterzuholen. Ab und an Menschen, die einen erst dann ansprechen, wenn sie sich nach einer Partyveranstaltung fragen, warum sie nicht schon länger geschrieben haben, der ist doch eigentlich ganz nett. Andere schreiben sich die Finger wund und wenn es nicht zum Fick führt, wird jegliche Bekanntschaft negiert und im realen Leben kommt kein Hallo über ihre Lippen. Ansprechen erlaubt, aber erst dann, wenn man sich im wirklichen Leben ein Bild gemacht hat, um von da an nur noch virtuell miteinander zu tun zu haben. Oder Ansprechen nur virtuell möglich, weil der Gegenüber in Reality zu schüchtern ist.
I
ch frage mich wirklich und versuche zu recherchieren, wann ich eigentlich das letzte Mal in einer Bar oder einem Club ein Lächeln geerntet habe, angesprochen worden bin oder ganz massiv angeflirtet wurde. Ich kann mich einfach nicht mehr er-

innern und es will mir nichts einfallen. Meine Bildchen überzeugen nicht, meine Gedanken im Profil von zweitrangiger Natur, wenn es um die Frage geht, ob es wohl matchen könnte und ich passiv oder aktiv bin, nen großen oder nen kleinen Schwanz hab, mich anpissen lasse oder doch nur auf Blümchensex steh – ja dann sind die Erwartungen groß und Fragen über Fragen füllen den Briefkasten. Bin ich ausnahmsweise mal so geil, dass ich schon fast mit jedem Sex haben würde und ich anfange die 247 Onlinegäste abzugrasen, derer Status auf „Sex" steht, dann füllt Schweigen den Briefkasten – ausnahmslos und seit Jahren. Auch gemeinsames Suchen als Paar und das Versprechen einer Orgie verhallen in der Stille.

Trotzdem füllen meine Onlinestunden die Tage, an denen ich sonst nichts anderes gemacht habe. Stunden, die ich mit einem oder meinem Freund in einer Bar hätte sitzen können. Stunden, in denen ich meinen Gedanken hätte freien Lauf lassen können. Stunden in den ich hätte meinen Job machen sollen. Auch Freunde kommunizieren fast ausschließlich über Gayromeo – das Telefon steht oft tagelang still – schreiben ja, sprechen nein.

Ich will nicht mehr auf ein „Hi, wie geht's?" antworten und will nicht voller Selbstzweifel mich selbst fragen müssen, warum eigentlich keiner mit mir ficken will, wenn es ansonsten immer nur heißt: Du siehst ja so geil aus. Ich will nicht mehr vorwarnen müssen, dass ich die Haare geschnitten habe, der Bauch dicker ist, der Schwanz den xxxl-Erwartungen nicht entsprechen könnte usw.

Nein – ich will einfach ich sein – und ich will eigentlich auch mit einem Minimum an Respekt vor meinen Gefühlen behandelt werden – von Fremden und noch mehr von Freunden.

Ich geh jetzt fort und suche mir Welten, die ich vermisse und an die ich mich oft nicht mehr erinnern kann – Zeit einen Schnitt zu machen. Und Zeit die Zeit zum Nachdenken zu nutzen oder ein Buch zu lesen. Oder Zeit, um ein Bier trinken zu gehen oder um Fragen zu stellen und zu reflektieren.

Danke

Danke Mio,
nicht nur für die vielen Träume und Ziele, sondern auch für
die vielen Tritte, um in die Puschen zu kommen. Und natürlich
für die wunderbare Aufbereitung dieses Buches.

Danke Reiner,
ohne Dich wäre ich sicherlich nie so weit gekommen.
... und mir hätten tatsächlich Texte gefehlt.

Danke Robert,
dass Du schon lange darauf gedrängt hast, endlich zu
veröffentlichen und für eine so schöne Freundschaft.

Danke Clemens,
dass Du eigentlich auch Wegbereiter für dieses Buch
gewesen bist.
Wie hieß es „damals" immer? „Clemens ist an allem Schuld."

Danke Dieter, Jörg, Nico und Terk,
die so viel mit mir miterlebt haben.

Danke Hans,
dass ich bei Dir immer so gut abschalten kann.

Danke Marco,
für die großen und kleinen Tänze.

Thank you Alexeji,
therefore that you are such a great grandma.

Grazie Sabrina,
mio sorella.

Danke all den Menschen, denen ich große und tiefgreifende Emotionen und Momente zu verdanken habe. Aber auch all denen, die mich ungefragt in die Abgründe ihrer Seele gestoßen haben und mich mit allen niederträchtigen Mitteln zwangen ihre Sicht der Dinge leben zu müssen.

Danke all den Internetforen der schwulen Gemeinde. Ein reicher Quell an menschlichen Abgründen, zwielichtigen Gesprächen, viel Gelächter, maßloser Langeweile, unendlichem Frust, riesigem Recherchefundus und wahnsinnig viel Spaß.

Zum Schluss

Natürlich versuche ich mit diesem Buch auch Geld zu verdienen. Wer wollte das nicht, außer denen, die es bereits zuhauf haben. Also freue ich mich über entsprechende Buchkäufe und bedanke mich dann einfach mit weiteren Veröffentlichungen, die mir dadurch ermöglich werden. Ich will mit diesem und allen künftigen Büchern aber noch etwas anderes erreichen. Von jedem verkauften Buch werden 10% des Erlöses an eine Institution oder an ein Projekt weitergeleitet, das sich dem Kampf gegen HIV oder den Folgen von Aids widmet.

Vorschläge dazu nehme ich gerne auf meiner Homepage **www.mario-dieringer.de** entgegen.

Und wohin das Geld geflossen ist, wird dort natürlich auch veröffentlicht werden.

Vielen Dank und ich hoffe, Ihr hattet Spaß beim Lesen.